シャローム
神のプロジェクト
平和をたどる聖書の物語

ベルンハルト・オット［著］　杉　貴生［監修］　南野浩則［訳］

いのちのことば社

Introductory Explanation for the series:

God's Shalom Project was the 2004 selection for the Global Anabaptist-Mennonite Shelf of Literature of the Mennonite World Conference (MWC).

MWC represents the majority of the global family of Christian churches rooted in the 16th-century Radical Reformation in Europe, particularly in the Anabaptist movement. Today, close to 1,430,000 believers belong to this faith family; about two-thirds are African, Asian or Latin American.

In 2017, MWC membership included 105 Mennonite and Brethren in Christ national churches from 56 countries on five continents, and 1 international association.

MWC exists to (1) be a global community of faith in the Anabaptist-tradition, (2) facilitate relationships between Anabaptist-related churches worldwide, and (3) relate to other Christian world communions and organizations.

MWC's headquarters are in Bogota, Colombia. For more information, visit the website www.mwc-cmm.org.

God's Shalom Project: An engaging look at the Bible's sweeping story.

本書『シャローム 神のプロジェクト』とメノナイト世界会議の紹介

『シャローム 神のプロジェクト』は、メノナイト世界会議（Mennonite World Conference）によって二〇〇四年度の「再洗礼派・メノナイトの国際文献（Global Anabaptist-Mennonite Shelf of Literature）」に選ばれています。

メノナイト世界会議は、十六世紀のヨーロッパに起こった宗教改革急進派（とくに再洗礼運動）に起源を持つキリスト教会の世界的な集まりの一つで、その最も大きなグループです。現在、百四十三万名が参加し、その三分の二はアフリカ、アジア、ラテン・アメリカに住む人々です。

二〇一七年時点で、メノナイト世界会議には五大陸五十六か国からメノナイト系教会とキリストの教会系合わせて百五教派、一つの国際機関が正式参加しています。

メノナイト世界会議は、①再洗礼派の伝統をもつ国際的な共同体で、②再洗礼派の世界規模の交わりを促進し、③再洗礼派以外の共同体や集まりとの関係を深めています。

メノナイト世界会議の本部機能はコロンビアのボゴタにあります。さらに詳しく知りたい方は、www.mwc-cmm.org をご覧ください。

はじめに

日本語翻訳版の『シャローム 神のプロジェクト――平和をたどる聖書の物語』を皆様にご紹介できることを心より感謝いたします。私とこの書との出会いは二〇〇五年、留学先の米国カリフォルニア州フレズノ市にあるメノナイト・ブレザレン聖書神学校（現 フレズノ・パシフィック聖書神学校）で、宣教学に関するクラスを受講した際に担当教授から要求された課題図書のひとつに挙げられていたことでした。その教授とはティム・ゲダート博士で、ドイツ語の原著を英語に翻訳された方でした。留学中、多くの良書に出会うたびに、日本に住む同僚や友人たちに紹介したいと思いましたが、この書もそのひとつで、実際に私は博士にこれを日本語に翻訳しても良いか了解を求めたほどでした。聖書のみことばへの新しい視点と洞察が与えられ、クリスチャン生活に新鮮な息吹をもたらす良書であると感じましたし、同時にクリスチャンでない方、聖書に興味はあってもあまり読んだことのない方にも、聖書を学ぶ良いきっかけを与える書ではないかと思ったからです。

しかし、留学中は膨大なリーディングとレポートに追われ、帰国すると多忙な牧会の働きが待っており、翻訳プロジェクトは実現されることなく時だけが過ぎていきました。翻訳は進みませんでしたが、この書はずっと私の愛読書のひとつであり、断片的ではありますが、教会の学び会や神学校のクラスでそのアイデアを紹介していました。

翻訳への思いが与えられて約十年が過ぎた二〇一六年の暮れに、このプロジェクトは突然動き出しました。私が担当する神学校のクラスで、本書の英訳版を学生たちに紹介する機会がありました。今までも毎回参考図書のひとつとして紹介はしていましたが、英語の文献ということもあり、実際に読破した学生はほとんどいなかったと記憶しています。学生たちに交じって、神学校の教務を担当されている南野牧師がそのクラスを聴講しておられ、クラス終了後に「学生たちが読めるように私が翻訳しましょうか」と申し出られました。願ってもないオファーで、二つ返事でお願いしました。南野師はわずかな期間で翻訳を完成させてしまわれました。優秀な同僚を与えてくださった主に感謝しました。その時に私は、翻訳されたこの素晴らしい書をもっと広く、より多くの人たちに読んでいただくことはできないだろうか、と思いました。そのために越えるべきハードルはありましたが、不思議なことに次々と道が開かれていきました。版権の問題はメノナイト世界会議のご厚意で難なくクリアされ、出版に関してはいのちのことば社が請け負ってくださることになりました。同社の担当の方々が出版に向けてご尽力くださり、驚くべきスピードでこの翻訳出版プロジェクトは進んでいったのです。

　ＮＨＫが制作した「プロジェクトＸ」という番組がありました。これは戦後の高度経済成長期のサクセスストーリーを描いたドキュメンタリー番組です。それはプロジェクトがさまざまな困難に直面する中で、それを克服して成功を勝ち取るというストーリーでした。そこで取り上げられているものは広く世間に知られ、影響を与えた大きなプロジェクトです（例えば、新幹線、黒四ダム、東京タワー、瀬戸大橋等の建造）。そういった巨大プロジェクトに関わることができるのはほんのわずかな人たちですが、私たちもまた規模は小さくても、さまざまなプロジェクトに関わっています。例えば、家族で旅行の計画を練ったり、友達同士や学校のクラブやサークル等でイベントを計画し実行したりします。それらも立派なプロジェクトです。教会で取り組むプロジェクトもあります。クリスマスやイースターの特別行事、地域向けのクラシックやゴスペルのコンサート、老人ホームや児童養護施設への訪問活動等です。教会堂建設プロジェクトに携わったことのある方がいらっしゃるでしょうか。それは構想から実現に至るまで何年も、あるいは何十年もの歳月を要し、多くの祈りと犠牲と労力が求められます。そのようなプロジェクトに参加し、共に汗を流し、労苦することは、やがて代えがたい貴重な経験となり、財産となります。

　ここにいかなるプロジェクトよりもはるかに偉大で重要なプロジェクトがあります。私たちが計画し携わっているものの多くは、この偉大なプロジェクトの一部であるかもしれません。それは神様が計画されたプロジェクトです。神様は私たちをそのプロジェクトを担う同労者として招いておられます。本書をお読みになっておられる方の多くはクリスチャンの方でしょう。本書によれば「あなたはこのプロジェクト遂行のためにクリスチャンになった」のです。それは全世界、全宇宙に対する神様の壮大なご計画です。それゆえクリスチャンになることは胸躍る出来事です。なぜなら、このような素晴らしいプロジェクトを担うメンバーに加えられたことを意味するからです。

著者はこれを「神のシャローム・プロジェクト」と呼んでいます。メノナイト教会等のいわゆる歴史的平和教会の伝統において、「シャローム（神の平和）」が福音の中心的なメッセージであるという理解があります。神様との関係において、他者との関係において、そして私たちが生きる世界との関係においてシャロームがあること、シャロームが広がることを神様は願っておられます。平和の君であるイエス様は、私たちを平和の子としてこの世界に遣わされます。キリスト教信仰は単なる個人的・内面的なものではありません。神様のシャロームは可視的で、触れること、味わうこと、経験することができます。それはまずキリストの可視的からだである教会、すなわち神の民の交わりにおいて証しされ、シャロームの民となったクリスチャンは神様の手足となってこの世界にシャローム、神の平和を広げていくのです。
本書を読んでくださった皆様の生活に、何らかの良い変化が生じることを願っています。いや、それは必ず起こると信じ、期待をもって本書を皆様にお届けします。本書の最後にある「火が再び灯ったように感じました。聖書が生きたものになり、そのメッセージがもう一度私たちを捕らえたのです。クリスチャンであること、神のプロジェクトの働き人であることは、私たちが想像する以上に素晴らしいことです」というようなコメントを皆様からいただけたら幸いです。著者が語っているように、そのようにおっしゃる方は神のシャローム・プロジェクトをご自分の人生の物語において実現し始めておられるのです。

二〇一七年六月八日

日本語版監修者　杉　貴生

目次

【訳者注】聖書の引用部分に関しては、本書の記述方法を考慮して、教会で使用されている聖書から引用せず、本書英語版から翻訳した。

第１章　子どもたちがあなたに問いかけるとき……

神にはプロジェクトがある。神はこのプロジェクトに私たちを、ともに働く者として招いている。だから私はクリスチャンである……そしてそれに熱心な者である。クリスチャンであることが何か退屈なこと、現実世界から距離を置くこと、単に論理的なこと、そのように理解されるとするならば、なんと残念なことだろうか。聖書の神が宇宙に対するご自身の計画へ人類を招いているとするならば、神は人類に退屈な理論を教えることに面白みを見いだしているのではない。

自らをクリスチャンと呼ぶ人は数多くいるが、不幸なことにその多くはイエスとの個人的関係について語るだけである。神の計画とその目標について明確には考えていない。キリストのところにやって来るのは、自分の魂の救いに関心があるからに過ぎない。回心はするが、自分の永遠なる運命に安心を得られればそれで十分だと考えている。神の偉大なプロジェクトについて考える糸口を持たない。地が創造されて以来、人間がどのような神の計画に招かれているのか、それにも関心を抱かない。自身の計画に人間を参加させるために、神が人間とどのような関係を持とうとしているのか、それをも理解しない。

時に、これとは正反対のことが起こる……ある人々はイエスの教えに魅了され（例えば、山上の説教）、この世界を変革しようと熱意を示す。だが時間が経過するとともに熱意のエネルギーは消え去り、初めの目標をあきらめてしまう。ここで足りなかったのはイエス・キリストとの個人的な関係である。このような人々は、人類に対する神の計画とその真の目的について、他の人々よりも適切に理解していると言えるだろうか？

本書は神のプロジェクトについて扱う。本書の目標は、キリストとの喜ばしい関わりを持つ生き方へと人々を招き、そのために動機付けをすることである。

聖書を教理として教える？　聖書を物語る？

クリスチャンは何を信じているのだろうか？　聖書のおもな教えを短く秩序だってまとめるには、どのようにすれば良いだろうか？　私は二十五年にわたってそのことを考えてきた。聖書を教えること、それは私の心を長く占めてきた課題である。日曜学校の先生として、日曜学校のテキストの執筆者として、聖書学校や聖書大学の教師として、自分の教会や教派の説教者として、聖書の真理を興味深く魅力的に語ろうと努めてきた。それは、人々が神のプロジェクトへの参与に招かれるためである。

カギとなる課題を一文にまとめてみよう。真理を損なわずに、しかも新鮮かつ現実的な伝達方法で、いかに古いメッセージを新しい状況の中で語ることができるのか？　私の課題は聖書の教えの内容だけでなく、その伝え方にある。聖書の教えを最も効果的に伝えるには、どのようにしたら良いのだろうか？

古代イスラエルの子どもたちが親たちに「何を信じているの？」「なぜそのように生きるの？」「なぜ祈るの？」「どうして、今のやり方で礼拝するの？」などと問いかけたときに、親たちは

「第一に、神はこのように定義できる……」

「第二に、人間とはこのように定義できる……」

「第三に、罪を犯したときには、このようにしなさい……」

「第四に、神の律法の理解方法は……」

「第五に……」

とは答えなかった。信条や教理問答を学ぶのではなく、子どもたちには物語が語られた。[1]

その物語とは……

私たちはエジプトで奴隷であったが、神は奇跡をなし、私たちをエジプトから解放し

自由を与えた。神は、隣人とともに暮らす共同体へと私たちを押し出した。私たちはどのように生きるべきか、どのようにすれば祝福を得ることができるのか、神はそのことについて私たちに語った。神は約束の土地へ至る道に私たちを導いた。私たちはその土地で、神の計画された生き方に従うように求められた。私たちはその土地で、奴隷としてではなく自由を得た者として、幸福で祝福されて生きることができた。周辺の民族は驚き、「彼らの神はなんと偉大で賢明な神なのだろうか」と言った。さまざまな形で、神は私たちを守り、すべての必要を与え、食料と水をもたらした。だから私たちは祈り、神を礼拝し、神の望まれるあり方に生きるのだ。それが私たちに求められている生き方なのだ。

聖書は、神やこの世界を詳細に定義している神学書ではない。魅力的な物語であり、いまだ終わらない物語である。神は歴史の中で人間に関わり続けている。私たちすべてが、この物語に加わるように招かれている。

本書の使い方

この書物は現実の経験に基づいて書かれ、現実の状況を視野に著されている。以下に全体の構造を説明したい。

物語を語る

私は四年にわたって、さまざまな状況に置かれた人々に対する神の関わりの物語を語り直す作業をしてきた。簡潔で読者の注意を惹くやり方で物語を紡いできたつもりである。各章は、神のプロジェクト理解に役立つ聖書の物語から始まる。

考えて議論する

さらに本書は、物語のパートでは十分に書ききれなかった事柄について読者に十分に考えてもらえるようにデザインされている。そのために各章には、各人あるいは各グループで学べるような質問が準備されている。

たぶん、読者諸氏はこのように思うだろう。「聖書のどの箇所に、このような事柄が記されているのだろうか?」「自らの主張の正しさをどのように説明するつもりなのだろうか?」「このような考え方はどこから来ているのだろうか?」本書の主張に賛同できない事柄もあるだろう。少なくとも私にとって、そのようなことはこれまでに経験済みである。賛同できないと誰かが意思表明したときに、実は面白い議論が始まる。実際、私は自らの意図を明確に説明するように求められたりもしてきた。それについては、本書の注を見ていただきたい。私の言いたいことがより明確になるだろう。

しかし、参照資料によっては、私の主張をめぐって神学的あるいは実践的な論争を生み出すかもしれない。私のもう一つの目標は、議論や論争へのきっかけを読者にもたらすことである。これまでに私が接してきた人々が抱いた疑問の多くは、各章の最後の「手紙のやりとり」（もちろんフィクションであるが）の中で扱っている。この架空の対話によって、読者がより深く事柄を考え、グループの学びの中でより良い議論ができるようになることを望んでいる。

あなたの生き方を変える聖書の旅に出かけよう。

第2章　神にはプロジェクトがある

神の意志

「あなたの支配が来ますように、あなたの意志が実現しますように。」これは主の祈りの言葉である。同時にここで問うてみたくなる。「神の意志って[2]？　それって何？　誰が神の意志を知っているの？　神の意志を知ることなどできるの？」

神がアブラハムに呼びかけたときの言葉は「あなたを偉大な民族にしよう、あなたを祝福しよう[3]」であった。燃える柴の中から神はモーセに自らを啓示し、「私は私の民の苦難を見た。彼らを解放するために降りて行こう」と言った。後にモーセが再度このことを問いかけたときに、「私はあなたがたを自由にし、解放する。私はあなたがたを私の民とし、私はあなたがたの神となる。私はあなたがたを約束の地に導く[4]」と神はより詳しく語った。このような神の意志は聖書全体に行き渡っている。ヨハネの黙示録の幻にも「私は新しい天と地とを見た[5]」と書いている。神は意志を持ち、計画を立て、目標を定めている。神にはプロジェクトがある。

「はじめに」――これが神の物語の開始である。黙示録の記述にはその歴史が向かうゴールが示されている。聖書から見れば、人類の歴史には最初があり、決定的な最後がある。それは、多くの宗教が主張しているような終わりのない円環ではない。最初に神の創造の言葉が述べられている。神は最初を定めている。そして神は目標、計画、（これから説明するような）プロジェクトを持つ。

本書の目標は、神のプロジェクトへの洞察を学ぶことである。神の目的や目標についてその説明を少しでも読めば、クリスチャンとしての私たちの生き方は変わるだろう。

とは言っても、神のプロジェクトとは何なのか？

詩篇85篇9節には、神は平和〝シャローム〟を望んでいると記されている。したがって、神の計画を「シャローム・プロジェクト」と呼ぶことにしたい。多くの人たちは気づいていないが、ヘブライ語の単語シャロームには私たちが考える「平和」よりもっと広い意味が込められている。

シャロームには支払いの意味がある。ヘブライ語辞書を見ると、名詞シャロームは動詞シーレームの派生語で、この動詞は「支払う」を意味している。支払いが終わって負債がなくなってはじめて、シャロームが存在することになる。ヘブライ語での挨拶「シャアール・シャローム」は単に平和を願う言葉ではない。それは「シャロームはあるでしょうか、それとも支払うべき負債はまだ残っているでしょうか?」という問いかけである。言い換えれば「私とこのように会っても大丈夫ですか? それとも私はまだあなたに負債がありますか?」という問いである。支払うべき負債があるとするならば、まだシャロームは訪れていないことになる。しかし、負債を払い終えれば、再びシャロームがやって来る。

だが負債があまりにも大きくて、支払いきれない場合はどうなるのであろうか? 古代ヘブライ文化では二つの解決策が考えられている。まずは、第三者が介入して負債者に代わって支払う場合。もう一つは、負債を免除してもらう場合。旧約聖書を見ていくと、神の民は「シャロームの支払い」[6]によってシャロームを回復するさまざまな制度を採用していたことが分かる。

しかし、経済的負債だけが人間が負うべき債務のすべてでない。そのことを私たち皆が知っている。人間は、お金だけでは和解できない傷、痛み、不正義をもたらしてしまう。このような状況では赦しが求められる。この赦しの意味は、負っている自らの負債から解放されることであり、初めに作ってしまった負債によって罰をもう受けなくて良いことを意味している。

また、イスラエルにとってシャロームは支払いだけを意味するのではない。人間と神との関係もこの概念で述べられている。人間と神との関係においてすべての点で正しければ、シャロームが存在することになる。しかし、聖書の証言によれば、民と神との関係がいつも正しいとは言えない。人間は創造者との本来の関係から堕落し、いまや好き勝手している。神の声さえ聴こうとしない。人間は負債者となったのである。人間と神との間でどのようにシャロームが回復できるのだろうか？　この回復についても聖書は物語として語っている。

まとめ

人間の生活において物事があるべき姿にあるならば、そこにはシャロームがある。私たちが神を正視した上で罪責感（つまり負い目）がないとするならば、そこにはシャロームが存在する。私たち人間同士が互いに見合って、「私と会っても大丈夫ですか？　それとも私たちの間にはまだ何かあるでしょうか？」という問いに対して、相手が笑って「私たちの間に問題はありません」と言えば、そこにはシャロームがある。またシャロームは、神が良しと認めた「被造物に向き合う」ことをも意味する。私たちは、その良しとされた被造世界に生きるからである。

自分たちがこのような理想から遠い場所にいることを私たちは自覚しつつ、シャロームを求める。すべてのことが「良し」とされるような生活をしたいと望む。実際、生とはそのように生きることを意味する。神もそのような生を望んでいる。これこそが、神のプロジェクトの意味であり、神が完遂しようとしている事柄である。聖書の物語とは、神が人間とともに歩むシャロームに至る旅の物語である。聖書の物語とは、神とともに旅をするように繰り返して発せられる招待である。

考えてみよう

1. 「平和」という言葉をどのように理解していますか？　あなたにとって、この言葉はどのような意味があるでしょうか？　あなたの平和理解と、これまで説明してきた聖書の語る平和（シャローム）とには、どのような違いがあるでしょうか？
2. あなたはこの世界に本当に平和が来ると希望を持っているでしょうか？
3. あなたの教会は神の平和のために用いられているでしょうか？　どのようにすれば、そのようになれるでしょうか？
4. いま、あなたは争いごとに巻き込まれているでしょうか？　それはどのような争いでしょうか？　平和に向けて、どのような歩みができるでしょうか？
5. なぜ平和は脅かされるのでしょうか？　どうして平和に暮らすことができないの

でしょうか？

6．聖書を研究することで、この主題について何を学ぶことができるでしょうか？

【読者へ】

私は教師であり、教室では学生との意見交換を好む。書物を著しているときには、そのような意見交換ができない。そこで、私の主張に疑問を持つ若い二人の学生を本書の読者として想定した。

手紙の形で、私がこの想像上の学生たちが抱くであろう関心や疑問について書いてみたい。読者である皆さんが私のクラスにいるとするならば、このような会話がなされるだろうと想像して手紙を書くことにする。

モニカとピーターへ

「シャローム・プロジェクト」に関するあなたがたの最初のコメントを読んだところです。私の勧めに従って、あなたがたはよく考え、読んだ事柄を理解しようと努めています。

あなたがたが「シャローム好き」と呼ぶ私の考え方に疑問を感じていることは分かります。私が従来のやり方から逸れていることにも違和感があるでしょう。「平和運動」の時代はもう昔に終わりました。たぶん、私のことを「平和運動」世代の（白髪まじりの）生き残りのような者として考えているでしょう。

分かりやすく説明してみましょう（かえって混乱するかもしれませんが）。私が平和の主題にたどり着いたのは、平和運動やそれに関する運動によってではありません。聖書を慎重に研究した結果です。実際には、それは大した努力を必要とする研究ではありませんでした。聖書語句辞典で「平和」「和解」「正義」などの言葉を調べていくと、すぐに驚くべきことに出会います。もしギリシア語やヘブライ語の辞書でチェックするならば、もっとその驚きは大きくなるはずです。私はそのように聖書を調べることで、平和や正義といった主題が単なる近年の流行でないことが分かりました。反対に、あなたがた自身が言っているように、「平和」の課題はいつしか再び聖書の基盤とされました。流行であれば、生まれては消えていくだけです。平和の課題は過ぎ去る流行として扱われるべきではありません。もし神が聖書の最初から最後までこの主題について語っているとするならば、私たちは平和について沈黙を守ることができるでしょうか？

もちろん、聖書の物語にタイトルをつけるとするならば、他のタイトルも可能でしょう。その点であなたがたは正しいと言えます。多くの神学者たちが適切なタイトルを提案しています。聖書の主要な主題として「契約」、「神の支配」、「約束と成就」などが提案されてきました。いずれも良いタイトルです。

私が聖書の物語のタイトルをシャローム（平和）に求めた詳しい理由は、この手紙では記しません。この書物全体がその理由の説明をしてくれます。私はそのようにこの本を書きました。まずは、この書物を読んで考えてみてください。神のメッセージを一言で表現するのに「シャローム」が適切かどうか、最後に議論しましょう。

次回まで

ベルンハルト

第3章　はじめに

良い計画

聖書の最初のページにシャロームという言葉を探しても無駄である。しかし、後にシャロームと呼ばれる事態について、聖書はその最初から語っている。創造の業《わざ》が完成するたびに、神は「それは良い」[7]と宣言した。神の創造の業は成功していたのである。神の計画どおりに創造が成り立った。創造は神の考える目標に対して有効に働き、調和し、適切であった。「良い」と呼ばれた事態を詳しく見ていくことにしよう。

人類に対する神の青写真

人類は特別なものではない……単なる物質とも言えよう。私たちは他の被造物と同じ材料からできている。聖書はそれを「(赤い) 土地の塵」から取ったと表現する。[8]したがって、ある聖書翻訳では人類を単に「地に住む者 earthlings」としている。人間の物質的要素を研究したある学者は、人間の肉体は五ドル程度の価値しかないと言っている。実際、何も特別なことはない。

同時に、人間は特別で創造主の素晴らしい傑作である。偶然の産物ではなく、神の計画の結果である。人間は、古代の多くの宗教が考えたような半神ではなく、特別な「霊的な物質」でもない。人類は神のみごとな被造物であり、創造の秩序を形成している。人類の存在意義は、すべてを創造した神の意志に求められる。

聖書は人類を表現して「生きた被造物」[9]と言っている。この表現は他の動物にも用いられている。[10]実際、人類は他の被造物と関連付けられている。人間は必要が満たされないと生きていけない被造物であり、空気と栄養によって生存が可能な生き物である。しかし同時に、この必要を求める被造物は、生物学、化学、物理学の各レベルでの驚くべき働きによって動く精巧な「機械」でもある。機能的で躍動的な生命は不可思議で、創造主に由来するとしか考えられない。神は言う、これも良い。

次に、人類のユニークさを考えてみよう。詩篇8篇は次のように記している。「あなたは人間を神よりも少し劣る者として造り、栄光と栄誉の冠をかぶらせた。あなたの手の作品を支配するように彼らに命じ、すべてのものを彼らの足の下に置いた。」聖書の最初の章はこの事柄を別の表現で言及して、人類は神の像《かたち》に創造されたと語っている。それは、神と人間とが外見として同じであることを意味していない。真の意味は、神が人類に与えた命令である。人間は神の代理者であり、被造物に対する管理者である。人類は神によって使命が与えられている。創造物語は四つの特徴を挙げて、この使命について説明している。「支配せよ」「従わせよ」「用いよ」「守れ」。

神に対する責任として、人類には神から命じられていることがある。それは、神の創造が機能的であることを認めることである。神は人類の手に被造物を委ねた。私たちは神によって「信頼された者」なのである。だから、人間には考える力、この世界を形作る能力が与えられた。人間は文化を創造することができる。神は言う、これも良い。

別の角度から考えてみよう。人間は個々人として一人では生きてはいけない。創世記1章26－27節のアダム（〝人間〟の意）の実際の意味は「人類」[11]である。それは個人ではなく、神の像に創造された人間の共同体である。それは個人ではなく、男性と女性から構成された人間の共同体である。神の被造物の管理を任されたのはその共同体である。人間は関係性を持つ被造物である。人間は他者からの助けを必要とし、互いに助け合う存在である。[12]神は言う、これも良い。

特に、人間は神の臨在に生きる被造物である。人間は神に話しかけることができる。神との個人的な関係を築くことができる。人間は特別な被造物である。神は言う、これも良い。

すべてのものが共に存在し、調和をもって互いに関係するゆえに、すべてが良いのである。被造物で神の代理者である人類、個人としてまた共同体としての人類、神との関係に入れられると同時に他の被造物との関係に入れられる人類、考える者としてまた感じる者として存在する人類、支配者としてまた僕《しもべ》として存在する人類、女性としてまた男性として存在する人類。調和によって結ばれているところに良いという宣言がある。そこにシャロームがある。これが神の計画であり、神のプロジェクトである。

考えてみよう

1. ここで示されている「人類」の概念とあなたがこれまで考えてきた「人類」の概念とは、結びつくでしょうか？　ここに記された人類の概念は、あなたにとってまったく新しくなじみのないものでしょうか？
2. 議論されてきた人類の概念は私たちの生き方へとつながります。その生き方について、具体的な例を挙げることができますか？　結婚生活ではどうでしょうか？　男性と女性との関係ではどうでしょうか？　子育てではどうでしょうか？　仕事ではどうでしょうか？　技術においては？　科学分野においては？　精神生活や医療においてはどうでしょうか？　宗教ではどうですか？

3. 人類は「神の像」に創造された、それはどのような意味でしょうか？　人間として自分を考えるのに、この意味はどのような影響があるでしょうか？　あなたの生活に何らかの影響があるでしょうか？　他の人々との関わりにはどのように影響するでしょうか？

4. これらのことを考えた上で、神に祈ってみましょう。

モニカとピーターへ

あなたがた自身で聖書を手に取り、私が示した聖書箇所を読んでいると手紙に記されていました。嬉しく思います。

私が人間を「自然」に近い存在、つまり「野の土」や動物に近い者として描いたことにあなたがたは少し違和感を持たれたようですね。あなたがたがお持ちの聖書には、創世記2章7節は「生きた魂」と翻訳されているでしょう。動物にも魂があると私が考えているかどうか、それをあなたがたが尋ねたいと思われた理由はよく理解できます。

創世記2章7節を注意深く読んでみてください。本当に、人間は生きた魂を持っていると言われているでしょうか？　いいえ、最初の人間は生きた魂となったとあります。私たちが用いる「魂」という言葉が、創世記２章７節が言おうとしている事柄に合わない理由はお分かりでしょう。この聖書箇所は、肉体から離れた魂について述べているのではなく、「生きた人間」を形成する魂について書かれているのでもありません。魂だけを取り上げるのはギリシア的な人間理解に基づいているのであり、ヘブライ的な人間観ではないのです。もし「魂」という言葉を用いたいならば、人間が魂を持っていると表現するのではなく、人間それ自身である何かと表現すべきです。神の息を通して私たちは生きた存在となりました。「生きた魂（存在）」という意味では、私たちは動物と変わりません。創世記１章20節、24節、７章15節、９章10節を読んでみてください。これらの聖書テキストでは、同じ表現が動物に用いられています。動物も「生きた魂（存在）」であり、「生きた被造物」と理解するのがより良いと判断されます。

しかも、私たち自身を被造世界（地、空気、水、植物、動物）の一部であると理解することは意義深いことです。神の被造物の調和がシャロームの概念に含まれるのです。良くも悪くも私たちが被造物世界に属していることを自覚すれば、私たちはより良くこの神の被造物を管理できるでしょう。人間以外のすべての被造物（地、水、空気、植物、動物）が滅びてしまえば、私たちは生きてはいけません。私たちは大きな環境システムの一部です。私たちは創造に属しています。これは新しい洞察ではありません。二十一世紀で初めて気づかれたことでもありません。すでに聖書の創造物語に記されていることなのです。

もちろん、人間のもう一つの側面を忘れてはいけません。人類は特別な存在です。人間は他の被造物から区別され、神との関係において、また被造物への管理責任において、被造物全体から見て特別です。それはこの章ですでに議論したことです。

次の章の執筆にとりかかるとします。あなたがたの応答がどのようなものか、興味津々です。

敬具

ベルンハルト

第4章　人間はロボットではない

私たちはコンピューターとロボットの時代に生きている。私たちは機械をプログラム化し、私たちが伝えるとおりに機械を動かすことができる。人間はこのような機械だろうか？　この被造世界への働きを忠実に行うために、神は人間をプログラム化しようとしたのだろうか？　この使命のために神はロボットを創造しようとしたのだろうか？

もちろん、ロボットを使うことは便利である。ロボットは言われたことをそのとおりに実行する。しかし、人間はそのようなものではない。人間は現実には自ら動く。聞き、評価し、判断し、決断することが可能である。人間は考えることができ、創造的で、自らの行動を決めることができる。なぜ神は人間をこのように創造したのだろうか？　神がロボットを創造していたとすれば、神はフラストレーションを避けることができたはずである。でも、神はロボットを造ることを選ばなかった。創世記3－11章は、人間の歴史にとってそれがどのような意味を持つのかを語ってくれる。

人間の選んだ道

私たちはロボットではない。それゆえに私たちは選択することができる。それは素晴らしいことではないだろうか？　聖書の最初の章には、神が人間に与えた使命について書かれている。人間は神から信頼された存在で、神の創造物を管理する責務が与えられている。この使命を果たすために、人間には能力と限界が定められている。神こそが最終的な権威である。善と悪との知識（つまり、完全な知識と最終的な決定）は、人間の限界と能力を超えたところにある。人間は管理者である。そう、管理者に過ぎない。人間は神ではない。

もし私たちがロボットであれば、物事はもっと単純だったであろう。しかし私たちは人間なので、私たちは考えることも夢見ることもできる。そこで蛇がやって来て、ある〝助け〟をしてしまう。「もし私がボスならば、どうなるだろう？」このような考えが私たちの心をよぎる。「神はこのようなことを言っているが、それは真実なのだろうか？　私たちを押しとどめておくために、神は何かを隠しているのではないだろうか？　私が最も関心ある事柄を、神は本当は知らないのではないだろうか？」

現実に人間は考える存在なので、神の被造物の管理者になることを選ぶこともできるし、別の道を選ぶこともできる。

「誘惑」「堕落」について考えるとき、そこにあるのは酷く悲惨なことばかりであると通常は思う。しかし、そこに積極的な側面を見いだすことはできないのだろうか？　ロボットが誘惑されることはない。コンピューターに「堕落」はない。決断することは、人間の尊厳と偉大さの一つである。実際に、人間は決断してきた。物事を自分の手にするために人間は決断する。人間は管理者であることを選ばず、自分がボスになることを選んだ。人間は自律を選んだ[13]。そうすることで、人間は創造主である神に逆らうことになってしまった。主への信頼関係を破壊してしまった。それを聖書では罪と呼んでいる。罪とは単に悪をなすことを意味するだけではない。罪とは反逆であり、不忠実であり、反抗である。人間は神への反逆者となった。

　この決断は第二の決断、つまり仲間である人間に敵対する決断をもたらした。この決断によって、人間は自律して生き、被造物を支配し、時には他者を犠牲にする。兄弟が兄弟を殺し、他者を疎外してしまう。これも「堕落」である。これは古代の物語というだけでなく、今日においても私たちの命運である。

　私たちも神の前に立ち、決断に直面する。神が私たちに定めた被造物の管理者としての役割を受け入れるのか？　あるいは、自律を選ぶのか？　私たち自身の限界と能力を認め、他者との交わりに生きることを選ぶのか？　あるいは、自分の道を選ぶのか？　選択の能力は責任をもたらす。これは人間が学ぶべき事柄であり、実際に学んでいる事柄である。

良くも悪くも、決断には結果が伴う。

結果

「アダム、あなたはどこにいるのか?」　神は尋ねる。間をおかず、次のような神の問いかけが記されている「カイン、あなたの弟はどこにいるのか?」　この二つの問いは、人間の説明責任について語っている。人間として私たちは、思ったほどには孤独ではない（時には孤独でありたいと思うだろうが）。人間として私たちは説明を求められる。管理者として、神から委託を受けた者として、私たちはそのような役割から逃げることはできない。私たちが望んでも望まなくても、私たちは主に対して説明責任がある。神からの問いかけがあるときに、私たちは答えなくてはならない。ここで再び私たちは決断を迫られる。「ここにいます。私は逆らいました。私は自分をわきまえず、なすべきことを超えてしまいました。自分を過大評価してしまいました。」私たちはそのように答えることもできる。しかし、聖書の最初の数章は、それとは違った人間の応答を記している。私たちは神から隠れる。他者に、神に、蛇に責任を押し付ける。兄弟姉妹について問われたときに無関心な答えをする。「私は兄弟の見張り人でしょうか?　私はいつも姉妹の面倒を見なければならないのでしょうか?」

結果は悲劇的である。私たちは選んだものから得るだけだ。カインを見てみよう。神もなく、家もなく、失われた楽園を求めて地をさまようことになってしまった。神のシャロ一ム・プロジェクトは終焉のように見える。真のシャローム（真の平和）は人生からまったく消えてしまったようである。最初の調和は引きちぎれてしまった。「見よ、それは非常に良い」とは言えない状況になった。

私たちは愛を求めたはずなのに支配と抑圧が残った。働こうとしても茨とアザミと格闘しなければならない。前に進もうとしても、その努力は私たちを神から遠く離していくだけである。国同士の平和を求めても、互いの争いをもたらすだけである。創世記は何千年も前の人類の経験を描いているだけではない。そこに描かれているのは人間の歴史である。神に逆らう人類の歴史である。人間の欲望の痛切な歴史である。消耗しきった人類の歴史であり、創造から創造主を追放する物語である。

そこで、神は何をするのか

聖書の最初の十一章において、神からの応答はそれほど多く記されているわけではない。しかし、神が反逆者を見捨てていないことは明確である。その第一の証拠は単純である。人間は滅ぼされていないのである。実際、神は人類を守り、彼らに住む場所を与えている。

神はノアとその家族を救い出し、彼らと堅い契約を結んでいる。これらの記述は、神が反逆者を拒絶していないことを示している。神は反逆者を見捨てず、そのゆえに神は次の手を打つ……それは、反逆者を自らに再度導くことである。

神の目標は変わらずに、シャロームの回復である。しかし、反逆者たちは自らの意志で（ロボットとしてではなく、人間として）神に帰らなければならない。神のプロジェクトは、人々に再び真の人間性を与える。神の意図する人間的なあり方、すなわち神の創造の管理者として人々を招く。神が働きを進めているプロジェクトとは、このようなものである。それに対し、人間は神に喜んで応答するであろうか？

考えてみよう

1. 「堕落」物語には前向きな意味もある、なぜそのように言えるのでしょうか？この「堕落」物語は人間について、どのように積極的な評価をしているでしょうか？
2. 罪とは法を犯すことと理解されるだけでなく、神への反逆とも理解されますが、なぜそのような理解が重要なのでしょうか？
3. 創造主を認めない人間はその生き方の結果を刈り取らなければなりません。私たちはどのようにその刈り取りを経験しているでしょうか？　あなたの人生において、どうでしょうか？　周りの状況や社会において、どうでしょうか？

4．回復（反逆者が戻ってくること）の真の意味は何でしょうか？　神が私たちを回復させるとはどのような意味でしょうか？　あなたは自分の力で神に帰ることができるでしょうか？

5．以上のことを考えた上で、神に応答してみましょう。

モニカとピーターへ

あなたがたは4章を読んで眉をしかめたようですね。「堕落」に積極的な意味を私が見いだしていることに驚かれたと思います。私たちの理解が間違いでなければ、あなたがたにとって「堕落」の意味は「人間は失われた罪人」という理解でしかないのでしょう。

そのように応答してくださったこと自体は嬉しく思います。なぜならば、あなたがたは私の主張を正確に把握していることになるからです。あなたがたの「堕落」物語の読み方は、人間は単に悪く、罪人で、邪悪であるという「クリスチャンのレンズ」

に基づいているだけでしょうね。もちろん、私は人間の闇の側面を軽く扱うつもりはありません。ただ、聖書の最初の部分では（他の聖書箇所でも同じですが）、そのような理解とは違った物語が紡ぎ出されています。その物語では、人間の自由、決断の能力、人間の尊厳、神の人間に対する真面目な取り扱い、これらのことが語られています。実際、これらの主題は聖書に継続して登場します。

あなたがたの考えによれば、私は人間を過大評価し、あまりにも楽観的過ぎることになるでしょう。過大評価も過小評価も、いずれも危険ではありません。自分たちを過大評価することで、神の存在を無視し、自分たちがこの世界を自由に支配していると勘違いしてしまいます。自分たちを過小評価することで、自らの束縛、罪性、悪なる性質に嫌悪感を持ちます。私たちは極端な両者の評価の中間に位置するべきでしょう。実際、そのようなあり方が、聖書が私たちについて主張していることに近づく道だと思います。

次回に

ベルンハルト

第5章　新しい始まり

マーティン・ルーサー・キング二世が有名な「私には夢がある」の説教をしてから三十年以上が経過した。感動的な言葉によって、世界的な共同体のビジョンが語られている。黒人と白人とが、平和、正義、互いへの思いやりによって一つとされる共同体である。これは古くからある夢であり、聖書が語る夢である。被造物と人類とに対する神の意図であり、神のシャローム・プロジェクトの本質である。不幸にも、人間は別の選択をしてしまった。しかし、神は一度始めたプロジェクトをあきらめることはない。むしろ、神はそのプロジェクトにこだわり続け、必要であれば再度挑戦する（その挑戦をある特定の個人やその家族から始めなくてはならないにしても）。私たちは、ここでアブラハムの時代にたどり着いた。[14]

アブラハムとその家族の物語は、良い知らせの物語であり、神が反逆者を見捨てない事実の明確な証拠でもある。この物語は救済物語全体において大切な役割を果たしている。神の望みは、逃げ回り反逆する人間に呼びかけ、その人間をあるべき場所に帰還させることである。それは、創造主との関係を回復させることを意味する。

神の自己啓示

神は聞こえず、神は存在しないと考える人々がいる……でも、彼らは間違っている。アブラハム物語は、神が隠れた存在ではないことを証言する。被造物である人類が行ったことを考えると、人間に対して計画されていたプロジェクトを神が捨て去ったとしても不思議ではない。しかし、神は人類を見捨ててはいない。人間は神から隠れようとしたが、神は逃げる反抗者を探し続ける。

神の啓示にはビジョンがある

神のプロジェクトは再び人類の前に設定された。それをアブラハムの物語に見ることができる。「私が示す土地に行きなさい……私はあなたを偉大な民族の父としよう……地のすべての民族はあなたを通じて祝福されよう。[15]」神は一人の人物（アブラハム）に焦点を当て、そこから新しく始めることにした。そしてその始まりは、この一人物を超えていくようにデザインされている。

神は一人の個人的救済（ここではアブラハム）にだけ関心があるのではない。神の計画は、この一人の人物から偉大な民族を興し、この民族を通してすべての民族に祝福を及ぼすことである。ここで、神のプロジェクトの世界的視野の一端を見ることにしよう。神は単に、回心して新生した個々人を探し求めているのではない。人々が神に帰るとき、その人々は他者へ帰り、被造物へ帰り、もともと意図された創造の使命に帰っていく。だから、神がアブラハムに自らを顕《あらわ》したときに、民族や新しい土地のビジョンを語ったのである。

これは新約聖書にも当てはまる。今日にも当てはまる。個人の回心は重要である。それは始まりであるが、神の求めはそれに留まらない。神は人々を求め、共同体を求めている。その共同体は他のすべての人々へ祝福をもたらす。神の計画に従って創造の管理者となる人々を求めている。神はシャロームの人々を必要としている。最初に議論したように、そこには調和が回復されるのである。

神の啓示にはチャレンジがある

神は個人から始めることがある。人類全体に対して神のビジョンが示されるとは限らない。神は人間を個々人として創造した。各個人には、決断し責任を取る能力が与えられている。同時に、神は個々人と親密な関係を作ろうとする。特定の人物が名前で呼ばれ、神のプロジェクトに参与するように命じられる。聖書は「あなたの家を離れよ……あなたに示す土地に行け。これは私の招きである。旅を始めるように呼びかけているのである。人生の古い部分を捨て、新しいことに生きよ。これまで想像できなかったような新しさである。私はあなたにそれを明らかにしよう」そのような内容を語っている。驚くべきことではないか？　神は人間に対して不平を言わず、反抗的である人間を叱責しようとしない。むしろ、神は人類にあるべき生き方のすばらしさを示している。神は人間をバビロン宗教のむなしい習慣から救い出し、人生の真の目標を人類に設定する。神は人間をその目標に向かう旅路に招く。それは今でも変わらない。

教会と神の支配とに対して神は計画を持っている。その計画は自然に実現するものではない。神がそれを遂行するにしても、人間は何もしなくて良いのではない。神は各個人を求め、名前で呼び出し、神の旅路に各個人を招く。聖書の時代と同様、今日においても、神は人間の心に自分のビジョンを与えようとしている。それは、愛、平和、正義による神の支配である。神は、古い習慣と生活様式を捨てるように人々に語りかけ、空虚な生活から脱するように勧める。そして、価値ある生き方を示す。聖書の時代と同様、今日においても、神は人間を新しい生き方への旅路へ、そしてその冒険へと招く。

人間はやり直せる

アブラハム物語は単純に「アブラハムは神の召命を聴いた」と報告する。[16] 人間には良いことをする能力がないと人々（特にクリスチャン）が語るのを繰り返し聞く。しかし、聖書の最初に記されているアブラハムは、人間が良い選択ができる例として印象深く語られている。

こうしたアブラハムの例は多くの希望をもたらす。人間を見捨ててはならない。人間が神に逆らうときでさえ、人間が完全に神に対して背を向けて神の前から去るときでさえ、希望はある。神が呼びかけて迎え入れるときに、人間はそれに応答することができる。人間は、他に選択がなかったと繰り返し言い訳をしてきた。それに対して、アブラハム物語は重要なことを語っている。神の呼びかけに対して、人間は応答することができる。

約束と実現

約束とその実現との間に存在する緊張に人間は生きていると言えよう。アブラハム物語を読むと、神の約束が実現したのはその後々のことであり、多くの障害が乗り越えられて後のことである。神のシャローム・プロジェクトが最初に自然な形で実現したのは、家族においてである。サラがこのプロジェクトから外されていたら、アブラハム物語は成り立たなかったであろう。しかしサラにとっても、神への信頼に至る道には疑念が立ちはだかっていた[17]。

最初に呼び出された家族だけでなく、神のシャローム・プロジェクトは別の家族においても実現していく。ただし、それは簡単なことではない。アブラハムにとって甥ロトとその家族との日常生活は難しかったようである。アブラハムはシャロームに従う人間であり、ロトの家にも平和が回復する道を探り出そうとした。[18]

神のプロジェクトは一家族に留まるものではない。アブラハムの家族が偉大な民族になることが約束されている。アブラハムとサラが老いるにつれて、この約束が実現されないかのように思われた。この夫婦は待ちに待ち、彼らがこの世を去る前に一人の息子が与えられた。しかし、この偉大な民族の約束がたった一人の息子に託されたに過ぎない。ここに生まれた緊張を、アブラハムもサラも経験しなければならなかった。

この夫婦は約束のビジョンを毎日のように見ていた。神の導きに従う中で、その忠誠が日々新たに試された。神はアブラハムと堅い契約を結び、アブラハムは神に対して真実であるように招かれた。

私たちも同じ緊張に生きている。神は大切なビジョンを私たちに与える。実際、神のシャローム・プロジェクトは偉大で、私たちの前にビジョンとして示されている。神の支配は近づいている。私たちは新しい創造に向かっている。マーティン・ルーサー・キング二世の夢と希望は人から認められても、現実はそれからはるかに遠いように思われる。旅路は長い。約束の実現の最初は小さく、ひ弱に見える……それはアブラハムの一人息子のようである。だが、神の契約の約束は生きている。神は人類を偉大なプロジェクトへと導く。私たちは神への信頼を持ち続けるように招かれ、その旅路を続ける。

考えてみよう

1. 創世記12章に記された神のアブラハムへの自己啓示から、あなたは神について何を学ぶことができるでしょうか？　同じ聖書箇所から、神のシャローム・プロジェクトについて何を知ることができるでしょうか？
2. アブラハム物語はあなたに、人間について何を教えているでしょうか？
3. 神の言葉へのアブラハムの応答は、聖書全体を通じて信仰のモデルとなっています。アブラハムにとって、「信仰」にはどのような意味があったと思いますか？　あなたは同じ意味で「信仰」を理解していますか？
4. あなたは人生の中で、約束と実現との間の緊張についてどのような経験していますか？
5. これらのことを考えた上で、神に祈ってみましょう。

モニカとピーターへ

アブラハムはあなたがたにとって印象深く映ったようですね。あなたがたの手紙を拝見して、信仰についてよく考えている様子が分かります。アブラハム物語が明らかにしているのは次のことです。信仰とは、何かが真実であると信じるだけではないのです。あるいは神学的な事柄を感情によって評価することでもありません。単に「神を信じる」だけのことや、ましてや神の存在を何となく考えることでもありません。「信仰」とは神とともに旅路を行くことです。信仰とは、人生において神の考えに自らが関わることであり、神が示す生き方に従うことです。モニカ、あなたは次のように書きましたね。「信仰は、私の人生の宗教的側面を支える何かではありません。私の人生のすべてに関わる何かです。」それこそが私が言いたかったことです。信仰の意味はそこにあります。

ピーターは批判的なコメントを書いていましたね。私たちは神の自己啓示をどのように見極めることができるのか、そのような質問をしていました。アブラハム物語は簡単に明確にそのことを語っています。神は語り、アブラハムは聴き、理解する。でも、今日ではどうでしょうか？　神はいまだに人々に語っているのでしょうか？　私たちはいまだに神から聴くことができるのでしょうか？　私たちが聴いていることが神の声であること、私たちの想像ではないこと、それをどのように確信できるのでしょうか？

あなたは重要な問題に触れています。私たちの思い込み（あるいは他の人の思い込み）と神の自己啓示とを混同する可能性はいつもあります。でも、あまり難しく考えないでください。現実はもっと簡単です。あなたがたが注意深く旧約聖書を読んだこと、その意味を探り出そうとしたことが手紙から分かります。そのときに神はあなたがたに語ったと私は強く思います。私たちが神に信頼し忠実であるために、自らを神に開き、プロジェクトに自分たちが関わろうとすること、それ自体が信仰の不思議の一つであると考えます。イエスの言葉が本当に神に由来するかどうか、イエスも人々から問い詰められました。イエスの答えはこうです「これらの言葉を前向きに聴き、それを実行していくならば、これらの言葉は神から来たと言える」（ヨハネ7・17）。

敬具

ベルンハルト

第6章　すべてが失われたのだろうか？

神には偉大な計画がある。しかし、その実現の始まりは小さなステップである。これは、私たちが期待したあり方ではない。私たちは物事を急がせてしまう。これまでの歴史の中で繰り返し、クリスチャンたちは自らの努力で神の支配の到来を早めようとしてきた。実際、それに熱心であるがゆえに、暴力さえもいとわないクリスチャンもいた。これは神への反逆の再現である。カインとレメクのやり方である。[19] そのような方法を用いる人々は、神に立ち返ったとは言えない。モーセさえもこの点では疑わしい。モーセはヘブライ人への虐待状況や不正義による苦難を見て、自分で問題を解決しようとした。モーセはイスラエルの解放を急ぎ、殺人さえも犯してしまった。そこで事態はいっそう悪くなる。[20] 悪なる手段では善は達成されない。神のシャローム・プロジェクトの目標は暴力的方法では到達できない。モーセは荒野に逃亡するしかなかった。イスラエルはファラオのぜいたくな公共工事のためにレンガを造り続けなければならなかった。物語は悪い方向へと進んでいく。神のプロジェクトと神の約束とから離れていく。でも本当にそうなのか？

神はいまだに神である

神はいまだに神である。この言葉は、神の計画、プロジェクト、意図が変わらないことを意味している。神はアブラハムとの契約を忘れてはいない。神はかつての約束を維持し、エジプトで起きていた悲惨な状況を見ていた。繰り返し、「私はあなたの神となり、あなたは私の民となる……この世界全体は私に属しているが、その中から私はあなたを選んだ。私はあなたを新しい地に送り出す。それは、すべての民がその見るところに驚き、私を知るようになるためである[21]」と出エジプト記は語る。

神は自らが立てた契約を忘れはしない。神は民を選び、その民を通じてすべての人類を自らのもとに帰還するように導く。神の計画は平和と正義に基づいており、抑圧と暴力の上には成立しない。神はいまだに神である。この意味は、出エジプト記で繰り返されている次の課題を果たすのに神が主導権を握っていることである。「私はあなたの叫びを聞いた。私はあなたの苦難を見た。私はあなたを助けよう。私はあなたを自由にしよう。私はあなたを導き出そう。私はあなたを私の民としよう。私はあなたに土地を与えよう。」神が主導権を握る。神は民を探し求め、彼らを自由にし、神の民として彼らを招く。そこに働き、自ら第一歩を踏み出すのが神なのである。

神はプロジェクトの監督者を求める

神は一個人からその働きを再び始める。神は民全体から問題解決を始めていない。誰を神は選ぶのだろうか？　そう、モーセである。事態を悪くした革命家である。四十歳のころ、バールを使って暴力で神の計画を推し進めようとした人物である。神はこのモーセによって再度その計画を始めようとしている。神はモーセに「私はあなたを遣わす。[22]私はあなたを用いて、私のプロジェクトを推進する。私はあなたを協力者として召し出す」と言う。アブラハム物語と似ていると言えよう。「起きて、行け。」少し待てよ、モーセにそんなことができるのか？　モーセは進んで神の命令に従うのか？

モーセはすでに八十歳になって、好機に飛びつくような若者ではなくなっていた。すでに現実主義者である（人生経験は人をそのように変える）。モーセをプロジェクトに参与させるために、神は闘わねばならなかった。昔とは違い、モーセは自らの内に強い自信を持ってはいなかった。「えっ、私ですか？」神へのモーセの最初の応答はこのようなものである。モーセには自信がなく、自らの能力を疑ってさえいる。今回は自分の限界を心得ている。雄弁でないことを知っている。そこで、神はモーセの言葉を熟慮し、モーセに代わる語り手としてモーセの兄弟アロンを選ぶ。しかしそれこそが、神が人類に期待したあり方である。個人として自分で何でもできるようになることではなく、助けを必要とする民が互いに扶助し合うようになること、そこに神の期待がある。

次に、モーセは自らを指名した存在をもう少し知りたいと感じ、その名を尋ねた。神はそれに喜んで応え、自らの名を明かす。「私はある、である。あなたのために存在する者である。[23]」それは約束を伴う名前である。「私は、あなたが信頼を置くに価する存在である。私はこれまでも存在してきた。私は歴史の主であり、歴史の中に存在し、あなたとともに常にいる存在である。〝ヤハウェ〟が私の名である。」

モーセは荒野での四十年間で多くを学んだ。後に偉大な指導者となるモーセは、自らの限界を自覚し、他者からの助けを必要としていることを学んでいた。実際、モーセが神のプロジェクトに参与する条件として、神に頼ること、兄弟がモーセを助けること、この二つは絶対的であった。八十歳を前に、このような事柄を学ぶ人はそう多くはないはずである！

モーセは孤独ではない

神は個人を選ぶと言っても、その人物が完全に孤立させられ、孤独に追いやられてしまうことはない。モーセの母、ヘブライ人の助産婦、ファラオの娘、エテロやその娘チッポラがいなければ、モーセ自身が存在しなかったことになる。[24]これまでの歴史の中で、一人で救済の業《わざ》を行った者はいない。個人として召された者たち（それは男性であり、女性である）は必ず、家族や共同体の一員である。モーセの場合に明確なのは、神のプロジェクトは男性だけのものではないことである。神の創造の計画の焦点をここにも見ることができる。神の像《かたち》は男性と女性として映し出されている。男性と女性がともに神のシャローム・プロジェクトに参与する。

他者との協力という観点は、モーセの生涯の中で明らかになっていくであろう。アロンやミリアムやフルがいなければ、モーセはどのようになっていたであろうか？　長老や祭司がいなければ、モーセは民を導くことができたであろうか？

神は行動する

神の民がそれにふさわしくなるためには、神や指導者モーセからの言葉だけでは十分ではなかった。神の歴史への適切な介入、その行動が必要であった。実際に、神は行動を起こしたのである。イスラエルはエジプトから奇跡的な方法によって解放された。イスラエルはそれを決して忘れなかった。[25] 自由への渇望、過越の出来事、エジプトへの神の裁き、奴隷の所有者が奴隷をその土地から追い出した事実、それらは人間の行為だけではありえない出来事である。

葦の海でも奇跡は起きた。前の道はふさがれ、背後には敵が攻撃しようとしている。困惑した民をモーセは励まし、神の名によって人々に叫んだ。「失望するな。待ち、神が救ってくださるのを見よ。落ち着け。あなたがたのために神が戦ってくださる。[26]」言葉のとおりのことが起きた。救いは神の行動によってもたらされた。イスラエルが海を通った後に、モーセは全イスラエルとともに賛美して語る。「神だけが、ヤハウェだけがそれを成就させる。[27]」後のシナイにおいて、神自身がこう語っている。「鷲がその子どもを運ぶように、私はあなたを運び出した。それをあなた自身で経験した。私はあなたを安全に私のところに連れてきた。[28]」エジプトから解放されたイスラエルの民の経験は、神の救済行動のパターンを示している。これは凄いことではないだろうか？　ここに、神のシャローム・プロジェクトがどのように実現するのかを見ることができる。

どの時代を通じても、自らへの助けが期待できずに、奴隷状態に置かれていると感じる人々がいつも存在する。神を信じない人々が暴力、抑圧、不正義を起こしてしまうことがある。根本となる事柄を捨てなければ、人類は平和を取り戻すことはできない。人類はあるがままでは悪を克服できない。内にある悪も外から来る悪も解決できない。

どの時代を見ても分かることは、神は忠実であり、人類を決して見捨てないことである。歴史を導く神は主体的に救済を行う。神だけが、奴隷状態から新しい土地、すなわち新しい生き方への道を開くことができる。神はいまだに招き続けている。神は、人間が神に応答するように招き、神とともに生きる道を示す。神へ信頼を持とうとする人々（それが不可能な環境にあるように見えても）を神は求めている。

考えてみよう

1．あなたとモーセが重なり合うところがありますか？　もし重なり合わないとすれば、どのような点ですか？　暴力で物事を解決しようとすることがありますか？　問題から逃げてしまいますか？　他の人々の苦難を無視して、自分だけ幸福であれば良いと思いますか？　自分の能力に疑問を抱いていますか？　神に対して何か問い詰めたいことがありますか？　神の助けを信頼して、神に従おうとしていますか？

2．あなたは、この世界の悪をどのようにしたいと考えますか？　暴力は暴力によっては克服できない、それを真実と考えますか？　あなたの意見の正しさについて、例を挙げてみてください。「静かに神を信頼せよ」という言葉には、どのような意味があると考えますか？

3．もし神の名が「私は存在する、私はあなたとともにいる」であるとするならば、この名はあなたの神理解にどのような影響があるでしょうか？
4．あなたの人生において、あなたは誰に恩義を感じているでしょうか？　あなたに欠けている点を補い、あなたを支えてきたのは誰でしょうか？
5．可能であるとして、エジプトからイスラエルが脱出した物語についてモーセに聞いてみたいことがあれば、それは何ですか？

モニカとピーターへ

お手紙をありがとう。モーセについて、エジプト脱出について、神の救済について、疑問があるようですね。奇跡は本当に起きたことなのか？　エジプトでの出来事は、それをもたらす環境が偶然に存在したに過ぎないのではないか？　それをもたらしたのは神だけなのか？　モーセやヘブライ人も重要な役割を担ったのではないだろうか？　救済において奇跡が重要な役割を果たしたのなら、それ以降に同じような奇跡をなぜ神は行わないのか？　今日の世界においても、同じような苦難、軍事的闘争、緊急事態はなくなっていない現実があるのに。

このような疑問に対して、満足いく答えがすぐにでも欲しいでしょう。エジプトからのヘブライ人の脱出は、歴史の幸運がもたらした結果とも言えるかもしれません。この物語全体から見れば、モーセやアロンや他の人々は多大な功績を果たしたとも言えるでしょう。抑圧に苦しんでいたイスラエルの民は自身の戦いによって自らを解放できる可能性を信じていた、そんな推測も認めたくなります。エジプトからの脱出を導いた過程を全体として考えると、歴史的な時間は聖書の記述よりも長く、もっと複雑な過程であったとも言えます。物語の出来事をすべて（その中には起きた時間を確定するのが難しい出来事も含まれます）奇跡に結びつける必然性はないかもしれません。しかし、自由にされた後に、経験した出来事を想起し、次世代にそれを伝えようとする中で、イスラエルには明確な洞察が与えられていきました。「私たちはもうエジプトの奴隷ではない、その事実そのものが神からの奇跡である。自由に生きていることが奇跡である。それは私たちがなしえたことではない。そこに、神の介入があったという確信の根拠がある。」

同じようなことは私たちにも起きますよね。私たちはベストを尽くします。祈ります。働きます。希望を持つこともあるし、疑うこともあります。私たちのしていることが成功したように思えることがあるでしょう。失敗したと思えることもあります。その逆もあります。周りの状況のおかげで物事が上手く進んだと見えることもあります。しかし、振り返って考えることがあるでしょう。その中で、私たちがなしえたこと自体が奇跡と思えることがあります。神に感謝したいと思えること、奇跡と思えることとは、時にそのような経験です。中立的な観察者にとっては、中身が明確ではないことがあります。それに深く関わる者にとっても、神が本当に働いているのかどうか、それが不明瞭に感じることもあります。でも、後に振り返ってはじめて、神の働きをそこに認めることができることもあるのです。

神がエジプトから解放したというイスラエルの深い確信は、神とともに生きていくのに必要な強さをもたらしたのです。

敬具

ベルンハルト

第7章　ついに！

キリストが生まれる千二百八十年前のこと。場所はシナイ半島の南部の山岳地帯。ホレブ山の岩地に隠れるように、荒野に宿営する多くの人々がいた。そのほとんどは貧しかった。一部にはエジプト出身の者もいたが、ヘブライの出自の人々が大半であった。彼らの様子を見ると、奴隷として長く生きてきたことは明白だった。彼らの多くは家族であった。子どもたちが泣いていたり、家畜も周りをうろついていた。家の道具はその場しのぎの物で、テントも貧弱であった。荒野の真ん中にいる人々、これは民と言えるのか？　神の民なのか？

個人の集まりである群衆と共同体としての民との違いは何であろうか？　私たちもそれは理解しているし、当時の人々もそうだったであろう。クリスチャンの集まりは、それ自体でクリスチャンの交わりになるのではない。個人主義的なエゴの時代に生きる私たちにとって、シナイで起きたことを注意して見ることは意義深い。逃亡した元奴隷たちの集まりが民となるには、さまざまな経験が必要であった。その民が神のシャローム・プロジェクトを示す人々になるためには、さらに多くの経験が必要とされた。神はどのようにして、エジプトの奴隷状態から解放された群衆を民（神の民）に変えようとしたのであろうか？今日に適用して言い換えれば、神はどのようにしてクリスチャンの群れを共同体にしようとしたのであろうか？　民にとって憲法にあたる契約をヤハウェはどのように設定したのか？　その契約に賛同するように、ヤハウェは民をどのように招いたのか？　またその民を契約の相手とするために、どのようにしてヤハウェは彼らを招いたのか？　そのようなヤハウェの方策が出エジプト記20－24章に記されている。もちろん、その契約は二十一世紀の人々が考えるような契約とは違う内容や形式となっており、契約もその民も当時の締結方法に従っている。

それは以下のようなものである。

ヤハウェは王である

第一に、神の役割が定められている。「私はヤハウェ、あなたの神である。」この言葉が契約文書の最初に記されている。[29] そしてその説明が続く。「私のほかに、あなたには神々があってはならない。」ヤハウェは王であることを望み、しかもイスラエルにとって唯一の王であることを欲している。実際、神は自身に対抗するような権威を認めていない。神は一人ひとりに対して自分を王として認めさせ、その権威を受け入れるように求める。彼らにこの権威にのみ責任を負うように要求している。神は良い主人であり王であり、それゆえに以下の三つの約束が宣言されている。

1. あなたの平和と自由に対して私は責任を負う。あなたのために私が戦う。[30]
2. あなたの日常生活の必要物資に対して私は責任を負う。私があなたの面倒を見る。[31]
3. あなたの旅路に対して私は責任を負う。私があなたを導く。[32]

これが、創造主が反逆者に示した寛容である。神はこのような慈しみを示し、人々を自らの民となるように再度導く。旧約聖書は、その関わりを選びと慈しみと呼んでいる。新約聖書は、それを恵みと呼んでいる。人間が与えられるのに価しない神の恵みである。契約に関する記述を続けて見ていこう。

ヤハウェは「聖い民」を求めている

神のプロジェクトは、当初の意図のままに継続されている。人間は神の主権の下で生きることを自由に選ぶことができ、創造において与えられた神からの使命を果たすことができる。神は見せかけの礼拝をする人々を求めているのではなく、ほんとうの喜びを持って礼拝する人々を求めている。神に従う人々を神は必要としている。神の指導と導きの下に自らの生き方をささげる人々を神は欲している。神はシャロームの民を探している。神の民は他の人々とはまったく違う生き方へと変革される。神の民はモデルとなり、神が人類に求める生き方を示す。契約について語る聖書テキストは聖なる人々について記し、神の民の役割を述べている。

「神は聖い」と聖書は語る。神はまったく他の存在とは違い、ユニークである。被造物ではなく創造主である。ひねくれた方ではなく、忠実な方である。神は「神の民」としてある人々を立て、その業《わざ》を始めようとしている。求められているのは、神に服従し、神に属し、神に対して真実で、神の意志に従って生きる新たな人々である。

しかし、エジプトから逃亡してきた元奴隷たちは理解できなかった。彼らは聖い民の意味を想像できなかった。神に立ち返った人々はどのような生き方をすべきなのか？　神の意図に従う生き方とはどのようなものか？　彼らはどのようにして神のシャロームの民となることができるのか？

この点で神は新たな事柄を民に与え、聖い生き方とはどのようなことなのかを民に告げる。それは二つの文にまとめることができる。

1．心からあなたの神を愛しなさい。

2．心からあなたの隣人を愛しなさい。

ここで、神がかつて自ら発した二つの質問を思い出してみよう。「あなたはどこにいるのか？」「あなたの兄弟はどこにいるのか？」　神は忘れてはいない。再び人々が神の意志に従い、神の民となろうとするときに、神はこの二つの基礎となる事柄から始め直す。では、この二つの基礎的な事柄の意味とは何であろうか？　まず、神を創造主として理解して、私たちの生き方の最高の権威として認めること。次に、神から与えられた賜物として他の人々を尊重すること、そして、それを学ぶこと。この二つは神の宣教において変わらないパターンである。

そのことを以下に記してみよう。シナイ山で結ばれた契約とは少し言葉遣いは違うが、内容は同じである。[33]

1. 私はあなたの神である。他にライバルのいない神である。
2. 私のあり方をあなたが定めてはならない。私を支配しようとしてはならない。
3. あなた自身の目的のために、私を利用してはならない。
4. 安息日を守ることを忘れてはならない。
5. 父と母とを敬え。
6. 命の尊厳を守り、誰をも殺してはならない。
7. 結婚生活を破壊してはならない。

8. 誰からもその自由と所有物を奪ってはならない。
9. 他の人々に不真実を語ってはならない。
10. 持っている物で満足しなさい。他の人々が持っている物を貪ってはならない。

この「十戒」は私たちにもなじみがあるだろう。続く他の聖書テキストとともに、十戒は律法と呼ばれている。律法はあまり評判が良くない。律法主義を連想させ、疫病のように忌み嫌われてもいる。しかし、そのような律法理解を神は望んではいない。神をまだ信じてはいないけれども本当の生き方を求めている人々に、神は律法を与えようとしている。神は人々を奴隷状態から救い出し、神の意志に従うように彼らを再び招いている。その招きに応えることは、神が人類に意図した生き方を意味している。こうすることで、真の調和と平和が現実となる。それがシャロームへの道である。

シナイ山麓にいたヘブライ人たちは、この招きに応えようとしたのであろうか？ そのとおり、応えようとした。契約締結の厳かな儀式に彼らは参列した[34]。そこでは神の言葉・神の宣言として聖書テキストが大きな声で伝えられ、注意深く文字に記された。人々は契約の要求に対して大声を合わせて「そうです」と言い、当時の習慣に従い、すべての内容は動物の犠牲とその血によって裏書きされた。神は民と契約を結んだ。民も自らの選択として神と契約を結び、同時に互いに契約を結んだ。

時間が経過しようと、神は変わらない。神は自身との契約を結ぼうとする人々を今も求め、互いにその契約を認め合う人々を求め続けている。自らの生き方の最高権威である神にだけ関わりを持つのではなく、兄弟姉妹にも関わりを持ち、その責任を果たそうとする、そのようなことを自覚している人々はどこにいるのだろうか？　このような交わりは、戦争の世にあって平和のしるしとなる。

考えてみよう

1. 旧約律法はあなたにとってどのような意味がありますか？
2. あなたにとって「聖い生き方」とはどのような意味ですか？
3. あなたと教会との関係はどのようなものですか？
4. 神があなたの最高権威であるとするならば、それはどのような意味でしょうか？　あなたの人生の中で神以外に誰かあるいは何か権威となる存在はありますか？
5. 神が定めた契約とイスラエルとの関係をどのように理解していますか？　その理解が難しいとしたら、なぜそのように思うのでしょうか？

モニカとピーターへ

この章でも多くの事柄であなたがたは疑問を持ったようですね。聖い生き方って本当のところ何なの？　旧約の律法をどのように理解したら良いの？　なぜ信仰共同体に関わらなければならないの？　神の支配と人間の政治的権威との関係をどのように理解したら良いの？

これらの課題をすべてこの手紙で扱うことはできないでしょう。でも最後の課題、国家の権威について少しコメントしてみたいと思います。宗教や信仰を「個人的で霊的な事柄」として理解しがちです。つまり、個人のレベルでは、信じたいことを信じていれば良いことになります。でも社会的レベルでは、社会や国家の「規則」に従って人間は生きることになります。多くの国家の憲法は、宗教を次のように理解しています。国家の要求に従っている限り自分の信じたいことを信じていて良い、そのような考えです。

しかし、旧新約聖書を読むときに、神の見方はそのような考え方とは違うことが分かります。神のプロジェクトは、奴隷とされたイスラエルの宗教的感情を自由にしたのではなく、彼らの全人性を自由にしようとしたのです。神の主張は、個々人の人間性全体と国家全体とに及ぶのです。神は人間の生き方すべてを支配したいと望んでいます。倫理的な態度を含めて、すべての事柄が神の基準の上に成立することを求めています。この世界の支配者の基準ではないのです。それによってイスラエルと当時の他民族とが区別されました。他の民族では、祭司が人々の「魂」を扱い、王が人々の公的生活を決定しました。イスラエルでは、神が王であり、社会も政治も支配しようとしたのです。

これが、聖書に記された信仰（後の時代を含めて）にはユニークな秩序があるという意味です。聖書にある信仰は霊性、内性、個人性に限られてはならないのです。神は最高の権威であることを望んでいます。日常生活、仕事、社会生活、公的生活を含むのです。ですから、神の権威がこの世界のさまざまな権威の下に置かれてはいけません（神の権威はクリスチャンの権威を意味するのではないことにも注意しておきます）。したがって、この世界のどのような権威も、上司も、政府も、支配者も、相対的な権威でしかありません。このことを現代のクリスチャンも教会も忘れています。

神を人生の主人とする意味を考えてみてください。私たちの忠誠心に対して反論してくるさまざまな権威について考えてみてください。新約聖書について扱うときに、この課題に戻ってきます。

次回まで

ベルンハルト

第8章　長い旅路

契約にサインをして、誰かと何かの約束をするようなことが日常あるだろう。あるいは、もっと大きな出来事として、結婚という契約、重要な仕事に関する合意書への署名捺印、厳かな儀式を伴った国家間契約の締結なども挙げることができる。実際、私たちには数えきれない約束事がある。時には署名する形式であり、時には署名がない場合もある。文書化されていることもあるし、そうでない場合もあるだろう。しかし、そのような形式には関係なく、約束には責任、権利、合意が伴う。ともに生きるとは、人々と契約を結んで生きることを意味する。契約には二つの側面がある。その一つは外面的で、合意をまとめること、契約に署名すること、約束をすることなどの手続きとして理解される。もう一つの側面は内面的で、忠実である、合意を守る、約束を果たす、そのような契約への尊重として理解される。私たちが神と他者とに対して忠実であれば、神のシャローム・プロジェクトはすぐにでもその完成へと前進するはずである。なぜ忠実であることはそれほど難しいのだろうか？

奥底にある抜け出せない行動パターン

三千年以上も昔、解放されたヘブライの元奴隷たちにシナイの荒野で起きたことを見てみたい。神は彼らに堅い結び付きを求め、神の支配の権威の下で民となるように招いた。すべての民が契約に同意した。すべての者が契約の儀式と祝福に参加した。それは容易なことであったろう。その次に困難が待っていた。この新たな民は契約に忠実であろうとしたのだろうか？　この課題は大きい。

この民が神との約束に入れられ、一夜にして変わったと期待するならば、その期待は裏切られて失望に終わる。古い行動パターンからは簡単には抜け出せない……当時もそうだし、今もそうである。しかし、神の名「私はある。私はそこに存在する」は変わらない。神は私たちとともに旅を続けて、この挑戦に満ちた旅路に道備えをしている。

会見の場所――幕屋

神はイスラエルに対して荒野に「幕屋」を建てるように命じた。そこに神は自らを彼らに顕《あらわ》す。「幕屋」と翻訳されるヘブライ語の意味として「会見のテント」「宿営の場所」という意味もある。この可動式のテントは、荒野の旅路の間にイスラエルに対して神が行ったすべての中心的場所となった。[35]

第一に、神は民と身近にいたいと考えた。民からは見えない分かたれた存在ではあったが、神は臨在した。そして今も臨在する。神は民に幕屋を作るように命じ、神はそこに民とともに宿営し、民に自らを顕す。私たちの人生の旅路をともにするために、私たちの神は人類のただ中に幕屋を建てる。神の民が出発し旅を始めるときに、神と「会見のテント」はともに移動する。神は「宿営する」神であり、動き続ける神であり、「私はそこにいる」という名を体現する神である。

第二に、神は民と定期的な会見を望んだ。だから、幕屋は「会見のテント」と呼ばれたのである。人々は予定に従って幕屋に集まった。[36] 現代では「礼拝」と呼ぶのであろうが、この表現は誤解を生む。幕屋での会見が一週間のうちの一時間か二時間の集会でしかなく、その集会によってその週の神への奉仕が満たされる、そのような印象を与えるからだ。私たちにとって「礼拝」は「聖なる会堂」で「聖なる人々」の司式の下に「聖なる礼典」が行われる。それは宗教的に敬虔なように思えるが、それだけでは聖書的とは言えない。

イスラエルにとって、その生活はすべて聖かった。一週のうちの数時間だけが聖ということではなかった。神の民全体が聖い民であり、祭司だけが聖いのではなかった。すべての出来事や仕事が聖くあるべきで、宗教的行事のみが聖いのではなかった。事実、ヤハウェにとって大切な事柄は、あるいはヤハウェとの会見において重視されたことは、日常のすべての聖さであった。幕屋での神との会見は四つの点から特徴づけられる。それは神の民が直面した課題につながり、その課題は今日にも解決を見ていない。

第一に、忘却である。[37] 人間はいとも簡単に忘れる。エジプト脱出の奇跡の記憶はすぐに消えてしまった。契約の責務は忘れ去られた。荒野における神の守りも配慮も同様である。

過去の出来事をすべて経験した人々がその現実を忘れたとすれば、次世代にどのようにその記憶を受け継がせることができようか？　人々がもはや最初の時（エジプトからの解放、神との契約）を覚えていないとするならば、神のプロジェクトはどのように完遂されるのだろうか？　だから、神の民が互いに出会うときにはいつも、物語を語り合ったのである。人々は物語を聞き続ける必要があったし、現在もそうである。世代から世代へ、生まれてから死ぬまで聞かねばならない。多くの詩篇の証言によれば、イスラエルの「礼拝」において繰り返し物語が語られ謳《うた》われた。

第二の課題は失敗である。自らの失敗や不忠実を認識しないでは、正直に心開いて物語を語り続けることはできない。[38] シャロームはどこに行ってしまったのか？　かつて神を見たようには、なぜ今は神を見ることができないのか？　神と会見するときに、このような思いを黙っておくことはできないし、この現実を隠しておくことはできない。真実を押し殺し、失敗と罪とを隠すときに、人間は悲惨な経験をすることをダビデも他の詩篇著者も知っていた。[39]しかし、私たちが神にこれらのことを告白し、神に隠さずに語るときに、何が起こるのだろうか？　その際、シャロームはどのように回復するだろうか？

もしこのような失敗を法の手続きだけで解決しようとすると、シャロームの代償は高い。契約の合意によれば、神は契約を破る者に対して罰を与える権利を持つ。実際、古代中東の習慣によれば、契約を破る者は重罰に価し、死刑に処せられる。しかし、神は反逆者に慈しみを示す。神の前で失敗と罪とを告白する者は、動物を象徴としてささげることで赦された。この動物は犠牲であり、死刑が実行されたとみなされる。[40]ヤハウェは罪を犯した民に赦しをもたらす。ダビデも次のように祈ることができた。「あなたに私の罪を告白します……あなたは私を赦してくださいます。[41]」神の民は息を吹き返し、再び生きることができる。神を見ることができる。シャロームは再度可能となる。

第三の課題は優柔不断である。すでに見てきたように、決断する能力は人間が人間であることの本質である。実際、人間は決断しなければならない。人生は決断の連続である。人生における決断は一回のみではない。確かに契約を結ぶ決断は一回であろうが、契約を守る決断は毎日のように行われる。

日々そのものが、忠実の機会ともなり、不忠実の機会ともなる。決断を避けて通ることは難しい。しかし私たちは優柔不断で、どこに向かうのか確信できずに決断を延ばしてしまう。だから、イスラエルの指導者たちは民に対して決断を幾度も迫っている。モーセ、ヨシュア、サムエル、エリヤ、彼らは一様にイスラエルに疑問形の反語調で決断を促す。「あなたがたは誰に仕えるのか？　今日、選べ。ヤハウェとの契約を更新せよ。[42]」イスラエルのように、私たちも過去の決断に寄りかかることはできない。両親や先祖の決断に満足してはならない。神に従うのか、神に敵対するのか、私たち自身が繰り返し決断するように求められる。

　最後に、心配と恐れである。イスラエルには信仰を失うことがあった。それは理解できることであろう。神の「聖い」民となるには篤い信仰が必要である。イスラエルの民には疑問があったはずである。軍事力に頼らないでも、神は私たちを守ることができるのか？　人間としての王を持たなくとも、神は私たちを導けるのか？　豊穣の祭りを行わなくとも、神は私たちの収穫を豊かにできるのか？　貧困者に必要な物資を分配しても、神は必要を満たしてくれるのか？

　どのような時代でも、神に信頼する人々だけが神の「聖い」民としての召命に生きることができる。常に心配し恐れる者は自己中心となり、自己憐憫に陥り、自らの所有物にしか目がいかなくなる。ヤハウェはそのことを知っている。だから、ヤハウェは集められた民との約束を新たにしようとし、愛と寛容、日常の関わり、忠実、祝福の約束の更新をあきらめない。神の民はこの約束を繰り返し聞く必要がある。「主はあなたを祝福し、あなたを守る。主はその顔をあなたに照らし、恵みを与える。主はあなたに顔を向け、シャロームを与える。[43]」

考えてみよう

1. あなたの「礼拝」理解と旧約聖書の「礼拝」理解とを比べてみて、何に気づきますか？　共通する点がありますか？　違う点がありますか？
2. 忘却を経験したことがありますか？　あなたの人生で神がしてくださった素晴らしいことを記憶しておくために、何ができるでしょうか？　あなたの人生において賛美や感謝にはどのような価値があるでしょうか？
3. 人生における失敗や罪に対してどのような対処をしていますか？　告白を定期的に行っていますか？　あなたにとって失敗を認めるのは難しいことですか？
4. 神との契約や神への献身を新たにした経験がありますか？　それは難しいことですか？
5. あなたは神の約束を聴くことがありますか？　神があなたに関わっていることを信じていますか？

6. この章の内容を覚えて祈ってみましょう。

モニカとピーターへ

教会の方々と「礼拝」について話し合い、その形式と内容について考え始めることができて良かったです。私たちの礼拝が現実からの逃避であることがあります。日常と関わりのない霊的経験への逃亡です。でも、本来の礼拝は現実の生活への準備なのです。日曜の礼拝と週日の日常生活とを結び付けようと試みているならば、それは良いことです。続けてください。

このことを具体的に示してほしいと願っておられますね。この章で提案されている事柄に単純に従ってみてください。そのために、以下の質問に対する答えをまずは考えてみてください。

1. 私たちの礼拝には、神の業を単純に語る機会があるでしょうか？ それは聖書からの物語かもしれません。教会の歴史からの物語かもしれません。教会の今の経験かもしれません。教会の誰かの実際の物語かもしれません。教会全体でその物語に言葉や賛美で応答してみましょう。

2. 私たちの礼拝には、神との和解のための機会があるでしょうか？　罪について語り合っているでしょうか？　神が示す理想に追いつかない事柄についてどうでしょうか？　罪を告白する機会はあるでしょうか？　礼拝において、赦しがなされ、赦しの宣言がなされているでしょうか？

3. 私たちの礼拝には、契約を更新する機会はあるでしょうか？　個々人が決断する時間はありますか？　神に対して、クリスチャンの仲間に対して、新たな関係を結ぶように求める機会はありますか？

4. 私たちの礼拝には、約束の言葉が語られる機会がありますか？　神は私たちとともにいて、人生を通じて同伴してくださることを聞く機会はありますか？

もちろん、これが「礼拝」で行われるすべてではありません。神と会見することは（旧約においても新約においても）日常の疑問を神の前に持ってくる機会でもあります。神の民は疑問と関心事を神のところに持ってきて、神はそれに対して導きを与えます。私たちの礼拝には、このような機会がありますか？　もしあるならば、私たちは礼拝から現実へと派遣されることになるでしょう。共同体から遣わされる神の忠実な代理人となるためには、さまざまな経験が求められます。神は私たちに証人となるために準備をさせ、私たちを派遣し、人生の多様な課題に向かわせます。私たちの礼拝の中心的課題として、このような経験は、どこでどのようにしてなされるでしょうか？

あなたがたの礼拝の形式と内容をより深く考えるようにお勧めしたいと思います。これによって、あなたがたの教会もあなたがた自身の人生も新しく始めることができます。礼拝が新たにされるばかりでなく、生き方も変わります。

あなたがたの議論の結果を聞くのが楽しみです。

敬具

ベルンハルト

第9章　物事がうまくいくとき……

十八世紀、イギリスのリバイバル伝道者ジョン・ウェスレーはこのように著している。「富が増える度合いに応じて、宗教に対する真面目な関心が落ちていくように思われる。富が増えていけば、この世界に対するプライドと執着が増し、富を求める熱情がさまざまな領域で強くなる。」

このウェスレーの言葉は正しいのだろうか？　この言葉がすべての富者に当てはまらないとしても、そのような傾向があることは認められるだろう。富と人間とは互いに相性が悪い。では、なぜシャローム・プロジェクトに乳と蜜の流れる土地が含まれているのだろうか？　神はなぜそこにイスラエルを導こうとしているのだろうか？　なぜ有り余る祝福がそこにはあるのだろうか？

有り余る乳と蜜？

神のプロジェクトにおいて、「土地」という言葉にはさまざまな意味が込められている。

「土地」は救済、命、自由、平和を意味する。神は土地を人間が生きていける場所として創造した。土地は祝福であり、神からの賜物である。しかしイスラエルにとって「土地」にはある原則が伴っていた。土地は民のものではなく、神の所有である。神の民が土地に入ったときに、神からの委託者、管理者としての役割を再び担わなければならなかった。それは、神の最初からの計画どおりである。したがって、土地は搾取されてはならないのである。

安息年の間、土地には休みが与えられる。神の創造物である動物も搾取されてはならない。動物も安息に入れられる。

土地を社会的不正義の道具として用いてはならない。誰かが財産をため込んではいけなかったし、その一方で誰かが貧困に苦しむようなことがあってはならなかった。五十年ごとのヨベルの年は、土地所有の再調整のために設定された。[44] それは、約束の土地で生きていくためのイスラエルに対する召命と使命の一つであった。

イスラエルは神の命令に従う民として、他民族の目にさらされて生きていかねばならなかった。他民族はイスラエルを見て驚く……そしてイスラエルの神に惹きつけられることになろう。[45] これが、神のシャローム・プロジェクトの目標である。神に立ち返った民を通して、神はすべての人類に手を伸ばそうとしている。

しかし神は十数世紀後にウェスレーが警告することになる事態を予測していた。したがって、民が約束の土地に入る前に、モーセはイスラエルに対して使命と警告とを発しなければならなかったのである。「ヤハウェはあなたを美しく豊かな土地に導こうとされている。多くの食物を得ることができよう。しかし、あなたの神ヤハウェを忘れてはならない。神の導き、律法、規則を無視してはならない。物事がすべてうまくいき、多くの財産を得ても、高慢になってはならない。あなたの神ヤハウェを忘れてはならない。『私自身の力と強さで富を得た』と考えてはならない。[46]」

警告は明確であり、必要な点を述べている。しかし、不幸にもこの警告は十分には働かなかった。イスラエルは富を正しく扱うことができなかったのである。すべてがうまく動き始めたときに、物事は悪い方向へ動き始めた。民がその土地に入って二百年後、土地の大部分はイスラエル社会の富裕層に占められるようになった。大多数の人々が抑圧され、貧困層となっていったのである。私たちに分かっている限り、ヨベルの年は実践されなかった。不法、腐敗、不善の嵐が吹き荒れた。このような事態はどのようにして起きたのであろうか？

どのような悪が進行していたのか？

サムエル記を読むと、小さいけれど危険な欲求が生まれ、悪が進行し始めたことが分かる。イスラエルが他民族のようになりたいと考えるようになっていったのである。[47] サムエルはその危険性に気づき、即座にその願いを拒絶した。ヤハウェも「民は王としての私を拒否した」と言って強く反応している。[48]

　何が悪かったのかお気づきだろうか？　神にはプロジェクトがあった。神はその民にやり直すことを求め、再び神の民となるように願った。神は人々を救い、彼らと契約を結び、神がイスラエルの王であると合意し、同時にイスラエルが神の「聖なる（分かたれた）民」となることに合意をした。その合意のための締結儀式まで祝っている。イスラエルの生き方が他国の生き方と同じで良いとは決して考えられていなかった。むしろ、イスラエルは神のシャローム（この世界における神の支配）のモデルとなるべきだったのである。

　この世界とイスラエルとは違う、そのように理解されるべきであった。神が本来的に意図した人類のあり方の模範を諸民族に示すためにイスラエルは生きていくはずであった。正義と平和のために暮らす。神への愛と、相互の愛による生活に努める。しかし、小さな欲求が生まれた。「私たちは他民族のように生きたい！」

　これは神への侮辱である。先の合意を反故《ほご》にし、その合意を無価値と宣言しているようなものである。契約の破棄である。使命の放棄である。「他民族」とは神を知らずに生きている人々を意味している。神に反逆している人々を指している。神が意図していなかった生き方であり、神から離れて神に立ち返らない生き方である。イスラエルの召命はこのような生き方とはまったく違うはずであった。どのような悪が進行していたのであろうか？　他のすべての民族のようになりたい、この小さな欲求が生まれた。この小さな欲求の結末は、他民族と同じ生き方へとなっていく。

　他民族と同様に、イスラエルは王を持ちたいと考えた。他民族と同様に、イスラエルは軍事力に頼ろうとし始めた。他民族と同様に、財産のために豊穣神を礼拝し始めた。他民族と同様に、荘厳な神殿を建立した。他民族と同様に、イスラエル社会の中に富者・権力者と抑圧され貧困に苦しむ者とが出現した。他民族と同様に、イスラエルは神を信じたが、その宗教性は日常の倫理を失っていった。他民族と同様に、イスラエルの王たちは富と力を得て、宮殿を建て、外国と条約を結んだ。ゆっくりではあったが確実に、イスラエルは「聖なる」民ではなくなっていった……ゆっくりではあったが確実に、他民族のようになっていった。何が進行していたのか、民は理解していただろうか？　民への警告はなされたのであろうか？　神はどこに行ったのか？　神はこのようなことを許容したのか？

神に代わって語る人々

神は無駄には過ごしていなかった。腐敗していく状況の中で、やり直す意志を持つ男女を呼び出した。その男女は荒野で叫んだが、その言葉は世間からは快く思われなかった。支配層にとって彼らは煩わしいだけであった。聖書はこの人々を預言者と呼んでいる。預言者は繰り返し、イスラエルの腐敗を非難した。富の蓄積、進行する不正義と抑圧、軍事力、他国との同盟、豊穣神への礼拝、形式的な神殿礼拝、それらを攻撃したのである。そのような預言者としてエリヤ、アモス、ホセア、エレミヤなどが挙げられる。神の語り手として、イスラエルを目覚めさせ、神に立ち戻らせるように語った。彼らのメッセージは「立ち返れ！」であり、「神との契約に戻れ！」であった。

預言者の関心事は、正しい関係を回復することであり、シャロームを新たにすることである。そのシャロームにはさまざまな側面があり、そのすべての回復が含まれている。神との正しい関係、人々への正義と和解、被造物との健全な関係である。回心とはこれらすべてを含む。どの要素も欠けてはいけない。

宗教的敬虔だけでは十分ではない

神に代わって語る預言者たちには、ある基本的な思いがあった。「宗教的に敬虔な人々が多く存在するが、彼らは神のプロジェクトに従うことには関心がない。」したがって、預言者の批判は宗教的礼拝、その礼拝の実践に向くことがあった。ベテルの聖所でアモスは神の名によって次のように語っている。

私はあなたがたの祭りを憎み、退ける。その荘厳な集会を私は認めない。全焼のいけにえや穀物のささげものをしても、私はそれらを受け入れない。最上の犠牲をささげても、私はそれを拒む。あなたがたの賛美の騒音を私の前から取り除け。あなたがたの琴の調べを聴こうとは思わない。水のように正義を流れさせよ、川のように正義をあふれさせよ。[49]

ホセアの言葉は明確で、身を引き締めさせる。

というのは、私は動かぬ愛を求めているのであり、犠牲を求めているのではない。神を知ることを求めているのであり、全焼のいけにえを求めてはいない。[50]

後に、エレミヤはエルサレム神殿の門で次のように語りかけた。

あなたがたの生き方や行いを変えよ、そうすればこの神殿で私もあなたがたとともに住むであろう。偽りの言葉「この場所こそ主の神殿である、主の神殿である、主の神殿である」に信頼するな。あなたがたの生き方や行いを変えたら、互いに真実であるなら、外国人、孤児、未亡人を抑圧しないなら、この神殿で無実の者の血を流すことをやめるなら、他の神々への礼拝を止めるなら、私はあなたがたとともにこの神殿に住み、私があなたの先祖たちに永遠に与えると約束したこの土地に私は住もう。[51]

イザヤも同じことを述べている。

「私にささげられるべき犠牲とは何であろうか？」と主は言う。「小羊や肥えた動物の全焼のいけにえの犠牲はもう十分である。牛、羊、山羊の血をもう喜びはしない。私の前にあなたがたが来たときに、あなたがたの手からこれを要求したのは誰か？　これ以上、神殿を荒らすな。ささげられた犠牲は無駄である。焚かれる香は私にとって嫌悪でしかない。新月の祭り、安息日、集会の呼びかけ、これら荘厳な集まりは非道にしか映らない。私の霊は新月の祭りや祭儀を憎む。それらは私の重荷でしかない。それに関わるのに倦んでいる。あなたがたがその手を伸ばすときに、私はあなたたから目を背ける。どれだけ祈りをしようが、私は聴くつもりはない。あなたがたの手は血に染まっている。自らを洗え、自分を清めよ、私の目の前から悪を取り除け、悪をもう行うな、善を学べ、正義を求めよ、抑圧されている人々を助けよ、孤児を守り、未亡人の味方となれ。[52]」

紀元前八世紀の預言者アモスやホセアから、紀元前七－六世紀のイザヤやエレミヤに至るまで、同じような言葉が繰り返されている。日常生活に神のプロジェクトの実現をもたらさないような内面的な敬虔や宗教的儀式を神は拒絶している。神のプロジェクトは、正義とシャロームを意味している。神との個人的関係を求めるだけでは十分ではなく、また素晴らしい礼拝をささげるだけでは足りない。このような宗教的実践は契約の更新に役立たず、神のシャローム・プロジェクトへの参与に動機付けを与えない。人々をプロジェクトのために整えないならば、それは偽の宗教である。本当の目標に達することはない。

もし何も変わらないなら……

預言者たちが見ていたのはそれだけではない。未来をも見ていた。ただし、預言者たちはこれから起こることを示す単なる予告者として未来を見ていたのではない。むしろ神の口として、何も変わらない場合にもたらされる衝撃的な結末を語ったのである。

物事がうまく進んでいるように見えるときに、預言者だけが未来を見つめ、明確かつ大胆に「このまま続けていたら、終わりが来る」と叫ぶのである。不幸にも、預言者の言葉は人々には届かなかった。捕縛されて拘束される預言者もいた。語ることを禁じられた預言者もいた。イスラエルは他の民族と同じようになろうと決断した。回心を迫る耳障りな説教は邪魔なだけであった。ホセアは神の裁きの言葉を語る。その内容は「あなたがたはもはや私の民ではない。私はもはやあなたがたの神ではない」であり、この言葉は神の真意を述べている[53]。

旧約聖書の観点から見てみると、富を持ち必要が満たされている経済的先進国のクリスチャンたちも同じような課題にさらされている、そのようには言えないだろうか？　教会はこの世界に対して平和と愛とを示しているだろうか？　どの時代の教会も繰り返し、教会の外にいる人々の生き方に倣おうとしなかっただろうか？　事態を変えようとする預言者はどこにいたのか？　多数派からは支持を獲得できない、そのような荒野の声はどこにあるのか？　神のシャローム・プロジェクトを実践する共同体を現実に建てようとするクリスチャンはどこにいるのか？

考えてみよう

1．イスラエルにとってはその存在意義に関わるような誘惑、つまり他民族のようになりたいという誘惑はなぜ生まれてきたのでしょうか？
2．古代イスラエルの問題と現代の教会の課題とを関連付けて考えてみてください。
3．「この世界」に適合しようとする姿勢と「この世界」から距離を置こうとする姿勢、この二つの姿勢の緊張関係をあなたは経験したことがあるでしょうか？　クリスチャンはこの世界とは「違う」、とはどのような意味でしょうか？
4．この章で語られた預言者の役割は何だったでしょうか？
5．今日、預言者はどこにいるでしょうか？　いまだに神は預言者を遣しているでしょうか？　預言者が現代に派遣されたと仮定したとき、彼らのメッセージはどのようなものになるでしょうか？
6．これらのことをよく考えた上で、神に祈ってみましょう。

モニカとピーターへ
古代イスラエルと現代の状況とを私が重ね合わせて書いたことで、さまざまな議論が起きたようですね。特にモニカ（あなたは保守的な教会で育ちましたね）、クリスチャンには他の人々や文化とは違う生き方が期待されている、その意見に対して疑問がありますね。あなたは子ども時代や中高生時代に、クリスチャンはこれをしてはならない、あれをしてはならない、この世界とは違った生き方をしなければならない、そのようなメッセージをさんざん聞かされたと手紙に書いていました。そこで、あなたはキリスト教に対して古臭く、律法主義的で、鬱陶《うっとう》しく感じるようになりましたね。少なくとも、現代社会の世俗的な生き方に代わる新たな生き方を示せていないと感じているようです。

　あなたが幼い時から拒絶してきたそのような考え方、この世界から遊離した説得力のない生き方を私はあなたに勧めているのではないと約束できます。神のシャローム・プロジェクトは、まったく違った目標を設定しています。クリスチャンとして求められている生き方とは、私たち自身がこの世界に到来する新たな世界のしるしとなることです。神の民は新たな世界への先駆者となるように召され、他の人々にその道を示し、和解と平和をもたらし、真実と正義を示し、信従と忠実さをもたらします。

　例えば、この世界では模範となる生き方が求められます。つまり、人間社会のすべての領域で先導的役割の存在が常に求められています。もしそうなら、クリスチャンとしてその必要に応えることができるのは、未来を示す生き方なのです。ピーター、あなたは古代イスラエルの王国時代と現代の教会との関係を比べて理解しようとしていますね。私もそれに同意します。不幸にも、今日のキリスト教会は周りの社会と同じ生き方をしています。聖書にビジョンとして記された生き方とは程遠いと言えるでしょう。

今日でも預言者はいるのでしょうか？　これはあなたがたからの質問でもあります。預言の賜物を主張する人たちが真の預言者とは限りません。私が言いたいことは、もしあなたがた自身が経験したことに対して何かを考え、それを実行に移し、時がいたって何かを伝えたいとするならば、あなたがた自身がそれぞれに置かれた場で預言者的な言動をすることです。もちろん、あなたがたが預言者になることが目標ではありません。ただ、神の働き人として心を尽くして生きるならば、必要な言葉や事柄は適切な時に与えられるでしょう。

シャローム

ベルンハルト

第10章 ……物事がうまくいかなくなった時

若い夫婦に男の子が生まれ、彼らは親となった。この子は一人っ子である。夫婦は大切にこの子を育てた。最初の年はうまくいった。男の子は母の膝に座り、父に手を引かれて歩く練習をした。男の子は大きくなり、自立していくようになる。少年は思春期を迎え、だんだんと難しくなっていく。もう両親の言うことなど素直には聞かない。ある日になって息子は出て行き、帰ってくるつもりはない。健全とは言えない巣立ちである。自らの道を行き、大変な障害にぶつかる。両親は涙を流しながら息子を連れ戻そうとする。でもそんなことはできない。息子の姿を知り、悲嘆にくれる。でも両親にできることは何もない。息子はそのような年齢になったのである。自分で道を選び、その選択によって生き、その選択の結果に対して責任を取らねばならない。

この譬《たと》えはどの人間社会の現実にも当てはまるだろう。神は自らの民に起きることを述べる。その物語は預言者ホセアによって記録され、私たちに伝えられている。[54]

神は人間を創造したが、その方法のゆえに神は再びその代償を払わなければならなかった。それは、人間に決断する能力が与えられたことである。人間はその決断によって、神の働き人になることを選ぶのであろうか？　あるいは神の計画を無視して、自律を選ぶのであろうか？　人間の再度の決断は後者であった。選択には結果が伴う。イスラエルはその選択にふさわしい結末を経験した。

諸国のゲーム

人間の王を立てる、イスラエルはそのような決断をした。イスラエルは自らの安全保障を、軍事力、外国との政治的な条約、豊穣神の礼拝が容認してくれる富、これらに求めた。イスラエルには選択することが認められていた。でも良いことは起きなかった。紀元前八世紀にはアッシリアが北イスラエルを蹂躙した。ペカ王にはなすすべがなかった。シリアとの条約も、イスラエルの軍隊も、バアル礼拝も役には立たなかったのである。

エルサレムを首都とする南ユダは北イスラエルよりも小さかったが、北イスラエルの滅亡後も百二十年間生き残った。南ユダが強国であったわけではなく、その生存は列国の政治的状況に起因している。紀元前七―六世紀になって、南ユダにも残された時間は少なくなっていった。その貧弱な軍事力は頼りにならなかった。エジプト軍の助けを借りようとしたが無駄だった。「主の神殿」における偽りの礼拝も意味をなさなかった。

イスラエルは神なしで生きようとし、実際にそのように生きた。約束されていた自由をイスラエルは経験できずに、束縛へと連れ戻された。今度はエジプトでの奴隷ではなく、バビロンでの捕囚である。約束の民として生きることはできず、散らされ追放された人々の生き残りとなるしかなかった。約束された地に住むことはできなくなり、「バビロンの河畔」に座り悲嘆にくれるしかなかった。[55]

衝撃的な現実がここにある。神なしの生き方を選んだ人類の姿が再び出現した。再び問わねばならない、神のプロジェクトは今度こそ終わったのか？　神に忠実である者がいるのだろうか？　神は人類に新たな機会を与えるのだろうか？

もし神が人間ならば

人間の基準からすれば、神と人類との物語はすでに終わっている。契約違反は死刑をもって償わなければならない。旧約聖書は、父がその反抗的な息子を裁判に連れ出し、死刑にすることを認めている。[56] しかし、神はそうはしなかった。神は預言者ホセアを通して次のように言っている。「あなたをあきらめることができようか？……あなたの窮地を見過ごしにできようか？……私はあなたを滅ぼすことはできない。そのような考えは私にはありえない。私はあわれむ。私は自らを怒りに任せない。私は人間ではないからだ。聖い神である私は、あなたを助けに行く。決して滅ぼさない。」[57]神はそのような存在である。これが福音、良い知らせである。確かに、私たちは自らの選択に対してその結果を引き受けなければならない。裁きの時代を過ごさなければならない。なしたことには刈り取りがある。しかし、個々人にとってあるいは人類全体にとって、残された真実がある。それは、神は私たちを見捨てないことである。

神のプロジェクトの新しい章

イスラエルは苦難を経験したが、少ないけれども忠実な人々が残されていた。そこには、ダニエル、エゼキエル、エステル、ネヘミヤ、エズラなどが挙げられる。神は彼女・彼らを見た。捕囚期の暗黒の時代を通じて、神はこれらの人々とともにいた。その絶望の時代に、神はビジョンと新しい希望をもたらしていたのである。神のシャローム・プロジェクトの新しい章が始まろうとしている。

捕囚期の預言者たちの目には新しいビジョンが映っていた。神が到来する日である。その日には、神の支配がすべてを包み込み、すべてを満たす。かつての夢が実現する。平和と正義が到来する。不善や悪に対する裁きの日であり、忠実な者に対する救いの日である。現在がいまだ暗闇に見えても、未来はヤハウェの手にある。

この未来はまったく今とは違う時代であろう。もう一度、神が介入するからである。エゼキエルはこのように預言している。「神は聖霊を降す。神の民は変えられる。過去の罪責は拭い去られ、神の意志に忠実に従って神の民は生きるようになる。[58]」エレミヤにも同様の幻が与えられ、神が新しい契約を結ぶことを告げている。この新しい契約は人間の心に刻まれ、再び神の意志に従って生きる民が起こされる。[59]

イザヤが明確に語るところでは、これらの新しい事態は、神によって「遣わされた者」の到来に起因する。神は再度、神に対して忠実な一個人から始める。イザヤはこの人物を「主の僕《しもべ》」と呼んだ。主の僕はこの世界に正義と平和を実現する。人類すべてにシャロームをもたらす。反抗してきた人類を神と和解させる。シャロームの代償を払い、神と人類との間のシャロームを回復させる。他者の模範として生き、神が人間に望んだ生き方を生きる。[60]

捕囚の時代からイスラエルの残りの者たちはこの希望に生きた。その時代からイスラエルの歴史を通じて、次のような問いかけがなされ続けた。それはいつなのか？　神の介入はいつなのか？　神はどのように介入するのか？　私たちはどれだけ待てば良いのか？「遣わされた者」はいつ来るのか？　その者をどのようにして特定できるのか？

新約時代を生きるクリスチャンとして私たちは、イエスを約束された「シャロームをもたらす者」として信じている。イエスにおいて、約束された新しい時代が始まった。しかし、個々人としても共同体としても、イスラエルが経験したことを私たちも経験することがある。堕落し、神から離れてしまう道を選び、破滅へと向かうかもしれない。そのときに、私たちは神の声を再び聴かなければならないのである。私たちが神の声を聴くとき、イスラエルを励まし、イスラエルにチャレンジを与えたあの約束と同じ約束を私たちも求めることができる。その約束とは、神は決して私たちを見捨てないことである。新たな始まりは、いつでも可能なのである。

考えてみよう

1. ホセア書11章をもう一度読んで、次の問いに答えてみてください。神に対するあなたのイメージを変えるには何が必要でしょうか？
2. あなたは神から離れてしまう経験をしたことがありますか？　あなたの教会はどうでしょうか？　神から離れる、その基本的な意味は何でしょうか？　旧約に記されたイスラエルの民から、そのような状況について何を学ぶことができるでしょうか？
3. 苦難の時代に預言者たちが果たした役割とは何でしたか？　今日、同じような預言者が必要でしょうか?

4．旧約聖書にはさまざまな時代が記されています。エジプトからの解放、王国時代、バビロン捕囚、私たちが生きる現代はどの時代に似ていると思いますか?

5．旧約聖書を読んで何を学びましたか? その学びの過程であなたに何か変化がありましたか?

6．旧約聖書の学びを終えた今、神に祈ってみましょう。

モニカとピーターへ

聖書の第一部の旅が終わりました。旧約聖書に関するまとめを送ってくれてありがとう。あなたがたの手紙には三つの事柄が記されていました。

1．旧約聖書の神は隠れた神でも、暴力の神でも、理解不可能な神でもありません。むしろ愛の神であり、人間の必要に関心を寄せる神です。もちろん、旧約聖書のいくつかの個所はいまだに理解が難しいでしょう。しかし明確になったことは、神は忠実で、私たちとともに歩み、私たちを見捨てないことです。それが、闇に包まれた時代においても変わらないことです。

2. 律法主義は神の恵みとは関係ありません。あなたがたは、旧約聖書の神はそのような律法主義をもたらす神ではないことを悟りましたね。それは正しいことです。旧約聖書のメッセージは人類に愛と慈しみを示しています。旧約聖書は福音、良い知らせです。

3. 旧約聖書においてすでに、神が人類に関心を持っていることが述べられています。あなたがたはこの点においても正しい理解をしています。神はある民を選びました。それは、その民がすべての民族への祝福となるためです。すでに旧約聖書は宣教的視点を持っているのです。

しかし、あなたがたにはまだ多くの疑問があると思います。まだ解決を見ない難しい課題です。

(1) 旧約聖書に記された戦争の記述をどのように理解したら良いでしょうか？

(2) 神はなぜイスラエルを選び、他の民族を選ばなかったのでしょうか？　他の民族はどうなるのでしょうか？

(3) 旧約聖書の歴史を読み、それを現代に適用することの意味は何でしょうか？

(4) 旧約と新約との違いは何でしょうか？　イエス・キリストの到来で何が変わったのでしょうか？

以上の疑問すべてにこの書物では答えられないかもしれません。ましてやこの手紙では無理です。でもいくつかの疑問については以下の章で扱うことができるでしょう。後でまたお会いしましょう……新約聖書で。

ベルンハルト

第11章　ナザレから来たヨセフの子、イエス

メシアへの多様な希望

歴史は動き続ける。私たちは、ここで二千年前の時代を見ていくことにしよう。ローマは、当時知られた地中海世界を力で支配していた。そこには中東地域も含まれていた。神のシャローム・プロジェクトに関わる歴史的出来事が起きた舞台である。

一世紀、神の民の生き残りは外国の支配下にあった。それはシャロームからは程遠い状況であったと言えるだろう。イスラエル内では外国の支配者に対してさまざまな考え方が存在した。富を持つ地位の高い人々は、その支配者たちとうまくやろうとした。ガリラヤ地方の貧困者たちは重税にあえいでいた。そのような人々の中から、外国勢力を武力で追い出すために革命勢力を結成する人々が現れた。砂漠に退いて共同体を形成し、そこで敬虔に生きながら神の到来を待つ人々もいた。しかし、程度の違いがあるとはいえ、イスラエルの多くの人々は約束されたメシアの到来に希望を持っていた。そのメシア像は、ローマを打倒し、神の民をもう一度国家として再建させる人物である。人々は神のシャロー

ム・プロジェクトを以上のように考えていた。

ナザレから来た男

そのような時代の中、大きな影響を与える一人の男が登場する。イエス、ナザレ出身でヨセフの子。イエスの故郷は、パレスチナ北部のガリラヤにある貧しい地域に位置していた。父は小さな村ナザレの大工であった。イエスも父の仕事を学んだと思われる。三十歳の頃に大きな転換を経験しなければ、イエスには普通の生活が待っていただけであろう。ヨハネという名の人物が回心を訴える運動を始め、神を畏れるユダヤ人たちがヨハネに従った。イエスもその運動に参加し、ヨルダン川でイエスはそのヨハネから洗礼を受けた。

洗礼を受けているときに、イエスは神からの声をはっきりと聞いた。イエスは約束されたメシアである。しかしこのメシア的「支配」の意味は、専制君主の支配ではない。むしろ、神の僕《しもべ》であり、イザヤによって預言されたシャロームをもたらす者である。[61] イエスは荒野で孤独にこの召しと格闘した。イエスにとって、僕としてのメシアとはどのような意味があるのか？　それによって人類にシャロームをもたらすことはできるのか？

最初の人間アダムとエバと同様、イエスも決定的な決断を迫られた。自らの決断として神に従うのか、あるいは自らの道を行こうとするのか？　これもアダムとエバと同じように、イエスは悪のささやきを聞くこととなった。約六週間後、イエスは人々に決定的な影響を与える決断を自ら下す。自分の道を進むことを選ばず、神にまったく服従する生き方を選んだのである。イエスは後に「私の食物は、私を派遣した方の意志を行うことである[62]」と語っている。この時点からイエスの生き方は、人間の願いではなく、神の意志によって決定づけられていくことになった。神はついに完全に忠実な人間と出会ったのであろうか？　この出会いは、神のプロジェクトの再生を意味したのであろうか？　イエスの決意は変わることがなかったのであろうか？

これがメシアか？

その心の奥底深く決意をしたイエスは、荒野から戻って人々に語り始めた。「あなたがたが長い間待っていた偉大な出来事が起きようとしている。神の支配が確立されようとしている。[63]」人々は熱心に聞き入った。ここで人々から疑問が投げかけられた。いったいこれから何が起こるのだろうか？　神は何をしようとしているのだろうか？　ローマに対する聖戦が起き、イスラエルは国家として生き返るのだろうか？

否、イエスはこれとは異なるメッセージを伝えた。イエスは周縁地域を巡り、人々を招いた。「神の支配が現実となりつつあることを信ぜよ。心を入れ替えて、生き方を変えよ。

自己中心的な生活は止めて、神に立ち返れ。[64]」

自らの故郷であるナザレで、イエスはヨベルの年の到来を宣言した。そのイエスの宣言には次のような意味が込められていた。すなわち、新たなメシアの時代とは、預言者たちがかつて語ったシャロームの秩序なのである。[65] 人々はそれを本気にしたのだろうか？ 多くの人々は懐疑的であった。彼らは自問した。「本当にこのイエスはメシアなのか？」もしそうなら、神のシャローム・プロジェクトの新しい章が始まったことになる。その時が来たのである。神のシャロームは偉大で、誰にでもすぐにそれと分かるはずであった。しかしイエスが偽預言者であったらどうなるのであろうか？ 狂人であったら？ 詐欺師であったら？

ガリラヤで始まったこの運動は山林火災のように各地に広がった。このイエス（ヨセフの子で大工）によって人々は自分たちの想像力をかき立てられた。イエスは自らを天の父である神から遣わされた者と言った。新しい救いの時代が到来したと宣言し、自らに従うように人々に呼びかけた。神の力によってイエスは病人を癒し、悪霊を追い出し、罪人たちに赦しを宣言した。飢えている人々を満たし、収税人や売春婦とともにいた。果敢にも誤った敬虔や不正義を非難した。ローマに戦争を仕掛けるのではなく、敵を愛するように人々に語り、自らもそれを実践した。イスラエル国家を建てるのではなく、神のシャロームを形成する生き方を自主的に選ぶように人々を招いた。それに応えた人々は、神がもたらす新しい時代の社会秩序のしるしとされた。[66] イエスの周りに多くの男女が集まり、イエスは自らに従う人々の共同体を形成した。イエスは弟子たちに、神のシャローム支配の隠された意味を教えた。共同体のメンバーは神のシャローム・プロジェクト（神が意図した人間の生き方）に従って生きようとした。神と、仲間と、被造物と和解して暮らし始めたのである。そのように生きることで、人々に対して彼ら自身が神のプロジェクトのしるしとなり、例証となった。イエスの共同体を見た人々の中から、その共同体に集い、神への反抗を止め、新たな生き方を始めようとする人々が現れた。このようにして、神のシャロームが再建されていった。[67]

イエスの新しい働きは、多くの人々にとって理解できないものであった。「これがメシアであろうか？」人々は確信を持てなかったのである。イエスの考えは人々の期待とは違った。イエスは、人々が想像し期待していたメシア像ではなかった。祈りのために誰もいない場所にイエスは出かけたが、それはエッセネ派の人々のようではなかった。エッセネ派の人々はこの世界から隔絶して、隠遁しながら神の到来を待っていたからである。イエスはラビのように教えたが、パリサイ派の人々のようではなかった。パリサイ派は人間よりも律法を大切に考えたからである。イエスの説教は革命的ではあったが、熱心党員のようではなかった。熱心党員は神の支配を武力によって打ち立てようとしたからである。イエスは貧困者や被抑圧者を受け入れたが、物質的な必要だけを満たすようなメシアでもなかった。

イエスは真のメシアなのか？　議論を起こす疑問である。イエスがメシアであると多くの人々が確信するようになっていった。もしイエスがメシアならば、神の生き方を示しているはずである。イエス自身が真理であり、本当の生き方を体現しているはずである。[68] すべてのことはイエスの周りを見ることで理解できるはずである。しかし、イエスが偽預言者であったら、どうなるのだろうか？

イエスが行く所どこにおいても人々は分裂した。多くの人々、特に社会的下層に属する人々はイエスの弟子となった。一方で、イエスに対して懐疑的で幻滅した人々もいた。敬虔を求める人々は、イエスは敬虔ではないと考えた。自由を求めて戦う人々は、イエスの戦いは十分ではないと理解した。イエスの態度は宗教指導者に脅威を与えた。神殿を支配している彼らは黙っていられなくなった。メシアを名乗るガリラヤ出身の説教者を看過できず、人が騙されているのをもう見過ごせなくなった。ローマも焦っていた。この男は殺されなければならない。この男は革命を企てているからだ。実際、イエスは政治犯として処刑されたのである。[69]

イエスが最期を迎えようとしたときに、弟子たちは暴力に訴えるようにイエスを説得し、敵はイエスを挑発した。そのような最期の時でさえ、イエスは神の意志に従うことを選んだ。「父よ、私の意志ではなく、あなたの意志がなりますように。[70]」

神の意志は愛であり、暴力ではなかった。[71] それは今でも変わらない。ナザレのイエス、真に忠実な者、真実の人、神の僕は無残にも処刑された。悲惨な物語である。真の人間性を取り戻す機会はもう失われたのであろうか？　悪が最終的な勝利を獲得したのであろうか？

イエスこそメシアである！

イエスの死後三日が経過した。ある噂が広がっていた。「生きている。ナザレのイエスが死者の中からよみがえった。」もちろん噂に過ぎない。そのような噂などすぐに忘れ去られてしまうだろう。しかしイエスの弟子たちにとっては、それは単なる噂ではなかった。よみがえったイエスに会った、そのように弟子たちは証言した。イエスは弟子たちと食事をし、会話をした。弟子たちは確信していた、イエスは本当に再び生きている！　イエスこそ約束されたメシアである。それまで弟子たちは恐れ、心くじけていた。ドアに鍵をかけて集まり、隠れていた。突然、閉じたドアをすり抜けてイエスが入ってきた。そして弟子たちに「シャロームがあなたがたにあるように」と言葉をかけた。[72] イエスは弟子たちを派遣し、自らの働きを彼らに託した。神のシャロームの支配が建てられようとしている、聴く者すべてはこの神の新しいシャローム共同体に集まるように招かれている。[73] 神のシャローム・プロジェクトの新しい時代が始まった。

考えてみよう

1. イエスはどのような人物であったのか、想像してみてください。あなたにとって、イエスの生き方はどのような意味がありますか？
2. この章に記されたイエス像に対して、何か意見がありますか？　どの点が賛同できますか？　どの点が疑問で、どの点が賛同できませんか？
3. 一世紀、あなたもイエスの周りにいた人々の一人だったと想像してみましょう。あなたはナザレのイエスにどのように向き合いますか？
4. イエスへの誘惑について考えてみましょう。イエスに対する誘惑とは、実際にはどのようなものだったのでしょうか？　同じような誘惑を経験したことがありますか？
5. 自分が福音書に記されたイエスの弟子であると想像してみましょう。弟子であることが、私の生き方にどのような意味が具体的にありますか？　山上の説教（マタイ5－7章）をもう一度読んでください。弟子である基準としてこの説教を読むことができますか？

6．教会はイエスの弟子であり、山上の説教の基準に従う人々の集まりです。あなたはそのように教会を理解し、教会生活をしていますか？

モニカとピーターへ

　この章でのイエスの描き方に驚いていますね。その描き方があまりにも霊的感動を欠き、人間的で、地上的視点だからでしょう。あなたがたは、それとは違ったイエス像を教えられて育ってきました。イエスの神性について少しも記されていませんでした。それればかりでなく、イエスの死を贖罪とも示していません。

　少し説明をしていきましょう。第一に、イエスについて、この章で記されている事柄以外にも多くのことを私は語ることができます。贖罪死について聞きたいならば、もう少し後の章でお話しします。でも、私は以上のようなイエス像をここでは意図的に述べたのです。一面的かもしれませんが、それには理由があります。

イエスを神の子として強調する伝統が教会にはあります。その超自然的な力、罪の赦し、その罪なき生涯を強く主張してきました。福音書もそのことを証言していますし、私も信じています。同時に、福音書はイエスを人間として語っています。戦い、疑い、泣き、苦しむ、ナザレから来た男性として描いているのです。他の聖書箇所も、イエスは私たちのような人間であったと証言しています（ヘブル2・14―18、4・15）。

人間としてのイエスは政治的に厳しい状況に追い込まれましたが、それはイエスのメッセージに起因しています。イエスは歴史の現実に生きたのです。イエスは当時の宗教的、経済的、軍事的な力に挑戦し、ローマに支配されたパレスチナの現実をめぐってそのような力と戦いました。伝統的には、このようなイエスの現実は、イエス理解のための背景へと押しやられてきました。

そこで、イエスを描くのに、その人間としての側面から著すのが最も良いと私は判断しました。もちろん、どのようにイエスを描こうが、それ自体が神学的議論になります。神の子としてのイエスと私たちのような人間としてのイエス、どのように両方を同時に考えたら良いでしょうか？　伝統的にキリスト教会はイエスの二つの性格に言及することで、この理解するのに難しい教えを捉え、告白してきました。極端な立場を私たちが採用しないようにという警告にその教えの目的があるならば、それも良いでしょう。しかし、それでもすべての疑問は解けないと思います。

イエスが現実に誘惑されたその意味について私たちが知ろうとしても、つまりイエスがどの程度の全能性を有していたのか知りたいと願っても（イエスはすべてを知っていた?）、教会の伝統的な告白では十分な答えを得ることができません。答えることが難しい疑問は少なからずあります。疑問は新たな疑問を生んでしまうこともあります。人間性という一側面からイエスを描きましたが、それ以上のことはこの書物では記しませんでした。イエスにおいて神は人となり、真の人間となり、私たちと同じようになった、そのような理解に留めておきます。神が私たちに近づくときに、神は私たちのようになります。それこそが、良い知らせです。

イエス・キリストの人生について考える端緒に立っているに過ぎないことを忘れないでください。疑問を持ちながらでも良いので、シャローム・プロジェクトについて考えを進めてください。次章以下で、あなたがたが抱いている疑問への回答を見つけることができるかもしれません。

続けてこの書物への応答をお送りください。

ベルンハルト

第12章　神のダイナマイト

百人以上の人々が座っている。そこにいる女性と男性は、すべてイエスの弟子たちである。その多くがイエスの受難（拒絶、裁判、処刑）を目撃していた。その多くが復活のイエスに出会っていた。そしていま、彼らはここに座っている。父のところに帰らなければならない、そのようにイエスは語っていた。そこにいる人々は待っているように命じられていた。ヨハネが語る。「イエスさまは去る前に私たちに語りました。父がイエスさまを遣わしたように、イエスさまは私たちを派遣します。[74] 私たちはイエスさまに代わってその働きをするように期待されています。しかし私たちがその働きに相応しく整えられているか疑わしい。私たちはイエスさまのようである、そのように言える者が誰かここにいるでしょうか？」　沈黙。

他の者が叫んで「私たちには弟子作りの命令が与えられています[75]」と言う。「イエスさまご自身はここにもういないのに、他にイエスさまに従う人々をどのようにして獲得できるのでしょうか？」　ヤコブは言う、「私にとっての最大の課題は、サマリヤ、ローマ、世界の果てまで行けというイエスさまの命令です。[76] イエスさまは文字どおりの意味で言ったのでしょうか？　聖くない人々と共有できる事柄など何かあるでしょうか？　私は聖くない人々と交流などできそうにありません。」部屋の向こう側から別の声がする、「心配です。彼らがイエスさまにしたことを考えてみてください。私たちも同じような扱いを受けないという保証がどこにあるでしょうか？　ここを出てイエスさまについて語り始めたら、私たちは終わりです。イエスさまご自身が言ったとおり、イエスさまのゆえに人々は私たちを憎み、私たちは裁判へ連れて行かれるのです。[77]」

そこでマグダラのマリアが声を上げる。「イエスさまは別のことも語っていました。思い出しませんか？　この世界が終わるまでイエスさまは私たちとともにいる、そのように言っていたでしょう。イエスさまの不在の時間は短く、霊によって戻って来るはずです。聖霊が弁護者、支援者となります。少し待てば上からの力が私たちに降る、それは神の命令を私たちが行うようになるためです。そのようにイエスさまは約束をしていたでしょう。希望を失わず、祈りながら待つべきです。[78]」

天からの爆発的な力

それは、最初の収穫物をイスラエルが神にささげる祭りの日、ペンテコステ（五旬節）

の日だった。まさにその日に事件が起きた。後にこの事件を報告したルカは、この出来事を天からの風、上からの火として描写した。それは、神の介入を告げるのに旧約聖書が用いた表現であった。神の「火」が来た。恐れて打ち沈んでいた弟子たちは超自然的な力に満たされ、力強くイエスを証言する者に変えられた。そう、神は見える形、聞こえる形によって介入したのである。さまざまな国から来ている人々、さまざまな言語を話す人々は、各々の言語や生活語で弟子たちがイエスについて語るのを聞いた。神はバベルの言葉の混乱を克服しようとしている、そのように思われた。新しい時代が開始したのである。[79]

もちろん多くの疑問が湧く。「この出来事はいったい何を意味するのか?」「説明はあったのか?」「実際には何が起きたのか?」ペテロが「これはすでに預言者が語っていたことである」と語り始め、終わりの日に神の霊が降るという約束がこの日に実現した、と説明した。

これは、イエスが真のメシアであることの動かぬ証拠である。神が再び介入し、シャローム・プロジェクトの新しい章を始めたことを表している。これこそ預言者たちが期待していたことである。神は再び行動を起こした。神は過去の罪を赦す。神は新しい契約を結ぶ。神は人々を聖霊で満たす。神の民が再び形成され、彼らは神に忠実な者となり、その命令に従って生きる。そのすべてはイエスの生、死、復活を通して到来し、神の霊を通して実現する、とペテロは語った。いま、神のシャローム・プロジェクトは動き出した。それは別の畑から得られた最初の収穫物のようである。

その結果

ペテロの説教に促され、神のプロジェクトへ参与することをそこにいた人々が決意したとき、何が起きたのか？　自分たちが神に反逆していたことをその人々が認めたときに、何が起きたのか？　その人々が回心し、生き方を変え、イエスに従おうとし始めたとき、何が起きたのか？　その人々が罪の赦しを経験し、神の霊、神の力に満たされたときに、何が起きたのか？　使徒の働きの冒頭にルカが記した内容を以下にまとめてみよう。

1. この人々は交わりを互いに持ち、共同体となり、新しい「神の民」となった。クリスチャンになることが単に救われた個々人の一人になることと理解しているとするならば、それは大きな誤解である。神はいつも民を求めている。聖霊の力を通して神が人々の生活に介入するとき、共同体すなわち教会が生まれる。

2. 共同体が実現すれば、神は個々人の生活に働きかける。その目標には、神との新しい関係だけでなく、私たち人間同士の新しい関係も含まれている。聖書の冒頭の物語を覚えているだろうか？　「アダム、あなたはどこにいるのか？」「カイン、あなたの兄弟はどこに行ったのか？」　この二つの問いかけは、どの時代においても当てはまる。

使徒の働きは驚くべき物語である。自分勝手で自己中心的な人々の行動が、分かち合いの生き方、他者に関心を寄せる生き方に変わる。独占をやめ、共同体全体に利益を分配しようとする。そのために具体的な行動を起こす。使徒の働きを読むと、誰もが自分の持ち物を個人的所有にしようとは考えていなかったことが分かる。生活に必要な物資は神からの賜物として受け止められ、共同体全体のために与えられたと彼らは考えていた。だから、霊の共同体には欠乏で苦しむ人がいないのである。この共同体の生き方は他の人々を惹きつけ、多くの人々がこの共同体に参加したいと思い、神のプロジェクトの働きに参与したいと考えるようになった。それこそ、神が望んできたことではないだろうか？

3．驚くべき決意と献身をもって、この初代のクリスチャンたちはイエスに従う意味を学んだ。彼らはこの生き方とイエスの教えとが人間の生き方の基準であると理解し、それを伝える責任を自らが負っていると考えた。ペテロ、マタイ、ヤコブは人々にイエスの山上の説教を幾度にわたって伝えたであろうか？　神の霊によって初代教会のクリスチャンたちはそのライフ・スタイルを変え、イエスを模範とし、その教えに従って生きようとした。周りの人々はこの共同体を見て、驚きを感じていた。それは素晴らしいことではないだろうか？

4. ペテロ、ヨハネをはじめとするクリスチャンたちは、耳を傾ける人々に自らの信仰について恐れなく証言した。政治的権力者から反対を受けたときでさえ、イエスをメシアと告白する宣教の働きに忠実であった。神のプロジェクトは力強く、誰もその告白を黙らせることなどできなかった。神はクリスチャンの側に立ち、偉大なしるしや奇跡によってこの告白に裏付けをした。

昔も今も、聖霊が働くときにこのようなことが起こる。これこそが、神の爆発的な力である。[80]神はイエスの弟子たちを力づけ、その力を爆発させ、シャローム・プロジェクトを前進させる。

もちろん、次のような課題がある。この力を受け入れる人々は誰か、神の霊の働きに加わる者は誰か？

考えてみよう

1. ペンテコステの日には、実際に何が起きたのでしょうか？　あなたの言葉でペンテコステの意味を述べてみてください。

2. あなたの個人的な生活で、あるいはあなたの教会で、聖霊はどのように働いていますか？
3. 初代教会とそのクリスチャンたちに、聖霊はどのような衝撃をもって働いたでしょうか？　あなたの人生の中でどのような聖霊の働きを経験したでしょうか？　あるいは、経験してこなかったでしょうか？
4. あなたの人生のどの部分に対して、神による聖霊の力が及んでほしいと考えていますか？
5. あなたの教会において、聖霊がより働くために何が必要でしょうか？

モニカとピーターへ

新約聖書になって、学びがより楽しくなってきましたね。私たちにとってなじみがあるからでしょう。あなたがたが考えるように、私たちの生活により適用しやすいと言えます。でもあまりなじみ過ぎていて、新約聖書が本当に伝えたかったことを見落としてしまう危険もあります。私たちのライフ・スタイルにとって、また私たちの教会にとって、ペンテコステの出来事はどのような意味があるでしょうか？　共同体としての初代教会のあり方はユニークで現代には適用できない、そのような考えがありますが、それに惑わされないようにしてください。初代教会の物資に対する扱い方は大きな間違いで、その結果として教会が貧困に苦しんだと主張する人々がいますが、耳を貸さないでください。

多くの聖書解釈者（高名な人々を含めて）が、聖霊の降臨とその結果もたらされた教会の形態との関係を間違って理解している、そのように私には思えます。ペンテコステについて報告したすぐ後に、なぜルカは当時の教会で行われた共有について述べているのでしょうか？　悪い例を示そうとしたのでしょうか？　私たちが避けるべきことを記したのでしょうか？　それはありそうもないことです。なぜルカは、旧約聖書で約束された多くの事柄が初代教会で実現したと語ったのでしょうか？　霊が降り、神の民が再び形成され、神の民が再び神の命令に従い（エゼキエル36・26―28参照）、新しいヨベルの年が宣言され、障がい者が癒やされ、捕らわれた者が放たれ、貧困者が食物で満たされるのです（イザヤ61・1―3、ルカ4・18―19）。唯一可能性のある説明は、神の霊が新しい共同体を創造した、そのことをルカが明確にしたかったということです。

あなたがたの手紙の中で次のように記されていました。私が最も励まされた文章です。「この章で記されたことがすべて真実なら、私の教会は多くのことを変えなければなりません。」本当にそうです。でも大切なことを忘れないでください。使徒の働きの冒頭で、ルカは新しい社会的な試みとしてその出来事を記しているだけではないのです。ルカは、新しい共同体における霊の実現を四つの点から強調しています（使徒2・42）。それは意図された書き方です。使徒たちによって継承されたイエスの言葉の伝達、クリスチャンの一致した互いの交わり、イエスの臨在を記念した食事をともにした祝福、ともなる祈り。同じように実践するならば、教会は変わっていくでしょう。神の霊がそれを確信させてくれます。

またご連絡をください。あなたがたの教会の交わりがどのように変わっていくのか、お知らせください。

敬具

ベルンハルト

第13章　これを理解する人々にとって……

困惑したユダヤ教神学者

ダマスカス。視力を失った男がベッドに横たわっている。頭もくらくらする。数日前にこの男に起きた出来事は、その人生をひっくり返してしまった。この男はユダヤ人で、高い教育を受けた神学者で、保守的なパリサイ派の一人である。そのヘブライ名はサウロである。ギリシア人たちはこの男をパウロと呼んでいる。強い確信と実行力で最近までイエスの弟子集団を迫害してきた。二日前、イエス自身がこの男に現れた。この男の考えは混乱している。ナザレから来た、ヨセフの子イエス。この人物は本当にメシアなのか？　しかし、イエスは十字架で犯罪者として殺されたはずだ。その弟子たちは、イエスが復活したと主張している。

パウロの心は揺れ動いている。その主張が本当だとしたら、救済の新たな時代が始まったことになる。しかし、そんなことが起こりえるのか？　そうだとしたら、何を意味するのか？　なぜ十字架なのか？　なぜイエスは死ななければならなかったのか？　旧約聖書の預言と整合するのか？　これらの出来事は神の支配（神のプロジェクト）とどのような関係があるのか？　復活の意味は何なのか？　これらの出来事には根拠や意味があるのか？

これらのことをまとめて考えてみる。これは神学的な挑戦だ。それは、パウロにとってだけでなく、ペテロ、ヨハネ、ヤコブ、マルコ、マタイ、ルカやその他の人々にとっても同じである。弟子たちはこの課題に取り組んだ。神のプロジェクトにおけるナザレのイエスの出来事の位置について広い視点から、神は彼らに的確な洞察を聖霊によって与えた。そこから特に三つの重要な主題を考えてみよう。

神が人間となった

神は人類に何をしようとしたのか？　人間は神に逆らった。神はプロジェクトをあきらめて、人類を滅びのままに放置することもできた。だが神はその道を選ばなかった。神はシャローム・プロジェクトに新たな章を開いたのである。それは大胆な行動であった。神が肉となり、人間となったのである。父は子を派遣した。イエスを見ることは、父を見ることである。イエスの声を聞くことは、神の声を聞くことである。イエスにおいて神は人間となった。

それを愛の最終的な宣言と呼んで良いかもしれないし、人類への何にも代えられない招きと呼んで良いかもしれない。天にいる神が人間として降り、神のみが可能な愛をもたらし、再び人間を招いている。もしそうだとしたら、人間はあるべき応答を求められていることになる。[81]しかし、それだけではない。受肉（神が人間となった）について、使徒たちはもう一つの側面を見ている。ナザレのイエスは真の人間であり、最後まで神に忠実な者であった。イエスは模範であると言えよう。神が人間に対して期待していた生き方を生きた者であった。イエスは第二のアダムである。神に逆らわずに生きた最初の新しい人間である。

神への反逆は、ナザレのイエスへの人々の対処にはっきりと現れていた。神の僕《しもべ》は殺害された。このようにして、この世界の悪（敬虔なユダヤの世界を含めて）が現れた。イエスの扱い方に人々の本当の性格が示された。パウロは「イエスはさらしものにされた」と語っている。[82]ここで大きな問いが存在する。なぜイエスは死ななければならなかったのか？

イエスは私たちのために死んだ

イエスは死ななければならなかった。イエス自身、弟子たちにそのことを理解させる必要があった。人間を買い戻すために自らの命をささげるとイエスは語った。[83]イエスの死は、予期されなかった不幸ではない。その死は神のプロジェクトの一部であった。パウロはそのことを他の使徒たちから聞いた。使徒たちは、旧約聖書に預言されているとおり、キリストは私たちの罪のために死んだ、と述べた。[84] しかし、それにはどのような意味があるのか？

旧約聖書によれば、契約を破れば死刑に処せられる。しかも、主の到来の日は裁きの日として理解されていた。一方、神は反逆した人類を滅ぼそうとは考えておらず、むしろ救おうとしていた。そこで神はどのようにしたのだろうか？　使徒たちはイエスの死を人類に対する過酷な裁きとして理解し始めた。間違いなく、イザヤ書53章5－6節はそのような解釈のカギとなったはずである。神の僕について以下のように語られている。「彼は私たちの咎のために傷つけられた……私たちを癒すために、彼に刑罰が下された。」この解釈をパウロは次のように記している。「すべての者のために一人が死んだ……私たちのために、罪を知らない者を罪人とした。その結果、彼において私たちは神の正義とされたのである。[85]」このようにして、パウロは「イエス・プロジェクト」全体を、人間を解放する神の働きの一つとして理解したのである。

私たちのために、子は父の栄光を捨て人間となった。私たちのために、イエスは真実であり続け、その最期まで真実であった。私たちのために、イエスはその命をささげた。私たちのために、イエスは契約を破った私たちの処罰を身に受けた。私たちのため、神との平和と和解とを可能にした。イエスはシャロームをもたらし、神と反逆する人間との間に平和を創造した。この洞察はパウロにとって生涯をかけた課題となったのである。パウロは次のように結論付ける。「イエスが私のために自らの命をささげたことがはっきりしたときに、私はイエスのために命をささげる決心をした。[86]」私たちの人生には、そのような力強い決意が明確にあるだろうか？

キリストは復活した

これが、使徒たちの神学的確信の三つ目のポイントである。パウロは簡潔に復活について語る。「もしキリストがよみがえられなければ、私たちの説教も信仰も意味がなくなる。[87]」パウロにとって、すべてのことが復活によって立ちもすれば倒れもする。もしイエスがまだ墓の中にいるとすれば、イエスは私たちの記憶に留まるだけの偉人あるいは預言者でしかなくなる。しかし、イエスは生きている。イエスは神の子である。神はイエスを死から復活させた。死は最後ではない。悪が勝利することはない。パウロは喜び叫んだ。「死は敗北した。勝利が完成した。[88]」したがって、復活自体が大きな転換点となったのである。神のシャローム・プロジェクトの新しい章である。

新しい時代が開始した。その保証として復活には意味があったし、今でも意味がある。それまでの人類の歴史の中で、神はそのような（復活という）方法では歴史に介入してこなかった。神の力がこれほど明確な形で現れたことはかつてなかった。イエスにおいて始められたことは、まったく新しいことであった。イエスは新しい人類の初穂であった。期待されたように、イエスは新しい人間のモデルであった。イエスに従う者はイエスが行ったあの道、死を通して新しい命に至る道をたどることになる。それは未来に対するビジョンというだけではない。イエスに信頼して生きる者は、すでに新しい復活の命を経験し始めている。

パウロをはじめとする使徒たちは、イエスが転換点となる時をもたらしたと理解していた。イエスは歴史の中心となった。イエスにおいて神は人間となり、それまでにはなかったほどに神は人間に近づいた。イエスにおいて、反逆した人類に下されるはずであった裁き自体が無効とされた。イエスにおいて、勝利はすべての考え方・権力を克服し、死そのものをも克服した。イエスにおいて、すべてのことが新しく始まる。神のシャローム・プロジェクトの新しい基盤が据えられた。

しかし、変わらないこともある。自らの意志で神に立ち返り、神の働きをしようとする、神はそのような人々を求め続けていることである。

パウロにとってはっきりしていることがある。イエスにおいて神が自らの命を私たちのためにささげたことを理解した人々は今度は、神のために自らの命をささげざるをえないこと、そのことである。

私たちはその意味を理解しているだろうか？

考えてみよう

1.「イエス・キリストにおいて、神は人間となった。」あなたにとって、この文言はどのような意味がありますか？　その意味をあなたの言葉で説明してください。あなたの人生にとって、どのような意味がありますか？

2.「私のためにイエスは死んだ。」この文言はあなたにとって、どのような意味がありますか？　その意味をあなたの言葉で説明してください。あなたの人生にとって、どのような意味がありますか？

3.「イエスは復活し、再び生きている。」この文言はあなたにとって、どのような意味がありますか？　その意味をあなたの言葉で説明してください。あなたの人生にとって、どのような意味がありますか？

4．以上に述べられていた主題に対して、あなたは心が動かされますか？　パウロが行き着いた「私のためにキリストは自らの命をささげたので、私はイエスに自らの人生をささげたい」という結論に、あなたも達していますか？「私のためのキリスト」と「キリストのための私」、この二つの文言の関係を、あなたはどのように考えるでしょうか？　この二つの文言は互いに何も関係のない内容でしょうか？

5．このような学びをした上で、イエスに語りかけてみましょう。あなたはイエスに感謝をささげますか？　告白しますか？　決意をしますか？

モニカとピーターへ

イエスについて最初に語った11章を読んだときに、あなたがたは多くの質問を送ってくれました。この13章を読んで、少しはバランスがとれたでしょう。この章で描かれたイエス像は、教会が伝統的に伝えてきたイエス像に近いものだったと思います。

でもあなたがたの手紙を読んで、この章で書かれたことに納得していない点があることにも気づきました。あなたがた自身でイエスについて核となるような教えをまとめてみるように私は勧めました。その作業の中で疑問が出てきたようですね。モニカ、あなたにとってそのまとめは学問的な神学作業でしかないように思われて、心には届かないように感じられたのですね。このようなイエスに関する教えがパウロを感動させたことを不思議に思っていますよね。あなたの感じ方はキリスト教信仰では多くの人々が感じてきたことで、もう少し掘り下げてみる価値のある事柄です。

まず、歴史的なポイントを考えてみましょう。イエスはこの地上に生き、天の父である神から遣わされた真の証言者であると自らを主張しました。弟子集団は一致して、ナザレのイエスにおいて永遠なる神が私たちの間に住んだという確信を持ち、その確信を証言しました。そのイエスが死んだのです。その死は自己犠牲であり、神との和解をもたらした、そのようにイエス自身も初代教会も告白しました。そして、イエスは死者の中からよみがえったのです。イエスも使徒たちもその復活を新しい創造の始まりであると解釈しました。初代教会にとって、これらの歴史的な出来事は旧約聖書のレンズを通して解釈され、神の働きの動かぬ証拠として提示されてきました。すべてのことが変わりました。救済史の新しい時代が始まったのでした。

私たちにとってはどうでしょうか？　少々古めかしく感じるかもしれません。私たちが納得できない内容かもしれません。興奮を覚えることでないかもしれません。私たちの生き方を変革するものでないようにも思えるでしょう。実際、これらの歴史的経験を扱った神学的研究が、その経験の躍動感とはまったく反対の効果をもたらすことがあります。初代教会の経験は、現代人にとっては知的に理解することが難しい事柄です。神が人間となった？　そんなことが可能なのか？　イエスは本当に神なのか？　人間なのか？　あるいは両方なのか？　犠牲的死とは何なのか？　神をなだめるために、神の子の犠牲は本当に必要だったのか？　難しい概念がそこにはあります。復活というが、実際には何があったのか？　それは文字どおりの復活だったのか？

　ドイツ人神学者ヘルムート・ティーリケが次のように神学生に語りました。その内容は私には正しく思えます。ティーリケによれば、神について神学的に語るとき、二人称発話から三人称発話への変換がすぐに起こります。「あなた」から「彼」へ、神とともなる語りから神についての語りへ、近い距離にある人格的関係から遠い距離にある研究の客観的対象へ。

　ナザレのイエスに関する歴史的出来事は二千年前に起きたことで、旧約聖書を持つユダヤ人の視点から理解されました。でも重要なことを語っている事実には変わりありません。神は私たちの側にいる。神は忠実である。神は近くにいる。神は帰って来る者に道を開いている。神は不忠実な私たちを赦す。神はそのプロジェクトをあきらめはしない。神は現実となる未来へ私たちが関わるように招いているのです。

　私たちにできることは、イエスを見て、私たちに対する神の愛の現実に感謝するくらいしかない、そのように思えることがよくあります。受肉の意味、贖罪の論理、復活の現実……これらのことはまだ不可思議なミステリーです。

イエスのことを考える中で、「そうだ」と思える経験をし、その経験があなたがたに感動をもたらす、そのようなことがあなたがたの学び、内省、祈りの中で起きることを願っています。

シャローム

ベルンハルト

第14章　ミステリー

疑念を晴らすとき

パウロは落ち着かない様子で部屋をうろうろしていた。その表情は険しい。この使徒である人物は怒っているのか？　そのように見える。パウロの筆記者は机の前に座り、ペンにインクを浸していた。パウロは口述を続けた。「私はあなたがたに驚いている。神があなたがたに新しい生き方を与えたのは、キリストの恵みによる福音であっただろう。これほどにも早く、あなたがたは召し出してくださった神に逆らうようになったのか？　イエスの福音を捻じ曲げ、あなたがたを混乱に陥れる人々がいる。あなたがたが受けた福音とは違う福音を伝える人々に呪いがあるように。[89]」

いったい何が起こったのか？　パウロは何を言っているのか？　なぜガラテヤの諸教会に怒っているのか？　明らかに危機的状態にある。詳しく見ていくことにしよう。

大きな問題

設立されて間もないガラテヤの教会の指導者たちは混乱していた。イエスがメシアであり、救済の新しい時代が開始したことに、すべての者が賛同していた。当初にはビジョンとして明確ではなかった非ユダヤ人宣教について、今や反対する者はいない。しかし、新たな信者に対してユダヤ教の伝統を守らせるかどうか、この点での不一致が表面化してきた。

まず、保守的なユダヤ人クリスチャンが存在したことを指摘しておこう。後に、パウロは彼らをユダヤ主義者と呼んだ。ユダヤ主義者たちは心の中では、神によって新たにされた人々はユダヤ人になったと考えていた。神はユダヤ人に働きかけた。もちろん、今や神は非ユダヤ人にも神の民としての道を開いた。実際、非ユダヤ人たちは招かれたのである。しかし、もし非ユダヤ人がクリスチャンになりたいのであれば、ユダヤ教の伝統と律法を受け入れるように求められた。それは、異邦人のユダヤ教改宗者と同じ扱いである。具体的には、割礼を受けることが要求され、ユダヤ教の食物規定を守るように求められた。保守的なユダヤ人クリスチャンの基本的な考えは、クリスチャンになることとは誰であれ、まずユダヤ人になることを意味する、このようにまとめることができる。

この保守的なユダヤ人クリスチャンたちは、パウロの宣教についてすでに聞いていた。

パウロは非ユダヤ人に宣教し、彼らは応答してイエス・キリストの弟子となり、聖霊を受け、教会を形成し始めていた。しかし彼らは割礼を受けておらず、そのことで保守的なユダヤ人クリスチャンはパウロに対して怒りを示したのである。パウロの第一回宣教旅行の終わりの時期に、パウロとエルサレム教会との対立は激しくなった。パウロの知らない間に、エルサレムのユダヤ主義者たちは小アジアの諸教会を巡り、クリスチャンたちはみな割礼を受けなければならないと説き伏せていた。

ここにパウロの怒りがある。パウロは宣教師であるだけでなく、思想家であり神学者でもあった。この課題はただ事ではないとパウロは悟り、すぐに対応した。直ちにこれを止めなければならない。そうでなければ大変なことになる。パウロの基本的な考えは明確である。クリスチャンになるためにユダヤ人になる必要はない。神の民となるにはイエスを信じるだけで良い。それ以上のことは何もない。それに何かを加えることは逆行であり、イエスの福音を捻じ曲げることであり、偽の福音である。冒頭の手紙は、その間違った福音にさらされつつあった教会の歩みを正そうとするパウロの第一のステップであった。

パウロが次にしたことは、この課題について共通理解を得ることであった。そこでエルサレムで会議が行われた。問題について十分な議論が尽くされ、すべての角度から検討された。最終的には、参加者の立場はパウロの意見に集約されることになった。そしてこの決定自身が、神のプロジェクトの拡大の重要な転換点となったのである。神のプロジェクトはユダヤ教の枠を越えて、地に住むすべての人々に広がる可能性を真にもたらすことになった。

しかし、まだ問題が残っていた。少なくとも神学者としてのパウロには問題と感じられた。この新しい共通理解に対して、どのような神学的基礎づけが適切なのか？　神の新しい民として、ユダヤ人と非ユダヤ人との関係はどうあるべきなのか？　旧約聖書をどのように理解すべきなのか？　この課題の理解は神学的に大きな挑戦となったし、いまだにその挑戦は続いている。この課題に対するパウロの見解はローマ人への手紙とエペソ人への手紙に見ることができる。これらの手紙の内容を検討すれば、パウロが非ユダヤ人への宣教師となった理由、初代教会において優れた神学者となった理由が分かる。

ミステリー

パウロは自らの手紙のいくつかの箇所で、自分に示された「キリストのミステリー（奥義）」[90]について書いている。パウロにとってこの表現は、今や非ユダヤ人（異邦人とも呼ばれる）はイエス・キリストを通して神のプロジェクトに参与している、その事実を意味していた。[91]パウロはおもに、このミステリーの説明をエペソ人への手紙で行っている。[92]パウロは新約の教会を新しい人間と理解している。[93] この新しい人間とは、神と和解し、互いに和解し合った人々を意味する。新しい神のシャロームの民である。驚くべきことに、新しい「神の民」はもはや一民族（ユダヤ人）にとどまっていない。どのような国々、民族、人種、文化に属する人々もともに集められ、互いに和解する。そればかりでなく、性別、主従関係、家族関係で対立していた人々が一つの新しい人間として集められ、和解を経験する。[94] パウロによれば、これらのことはすべてイエス・キリストが完成したのである。イエスは平和をもたらし、私たちを神の下へ導き、人間同士の新しい関係を作り出した。

教会においてこの新しいシャロームの民の始まりを見ることができる。それこそが、神がパウロに与えた驚くべきビジョンである。[95] パウロが「キリストのからだ」と呼んだのはこのシャロームの民、この新しい共同体のことである。キリストの共同体は、この世界でキリストを「体現」する。キリストはこの世界にはもういない、そのようにパウロは考えない。パウロにとってキリストは臨在している。人々がキリストを告白し、互いに和解の関係を結ぶなら、そこにキリストは見える形で存在している。それが、この世界におけるキリストの「からだ」の意味であり、神のプロジェクトである。

したがって、非ユダヤ人たちをユダヤ教の律法に従わせようとするときに、パウロは自らの意見を強く述べる。そうでなければ、神のプロジェクトが危機に瀕するからである。

律法の無理強いはキリストのからだに対する攻撃である。実際に、争い、不正義、キリストの共同体の分裂などが起きるとすれば、パウロは妥協しない。神のプロジェクトが脅威にさらされているからである。

キリストは反抗的な人間に対する裁きを引き受けただけではない。キリストは神との和解を人間にもたらしただけではない。キリストは死者の中からよみがえった初穂であるだけではない。キリストはそこには留まらない。キリストは新しい人間の基礎を作る。この人々は、分断をもたらしてきたすべての壁（文化、国家、人種）の崩壊を経験する。人々を分断した伝統という壁さえもイエスによって打ち砕かれる。神は世界的視点で新しい人々を打ち立てる。彼らは、神のシャローム・プロジェクトによって満たされた世界のしるしとなる。

このような観点からすれば、キリストのからだに属するクリスチャンが、不寛容な人種差別、国家主義、自らが生きる文化への自己陶酔、そのような態度をとり続けることができるだろうか？　自国の利益や民族意識のために、クリスチャンがなおも戦争を続けることができるだろうか？

神の新しい民となる意味を把握できただろうか？　パウロはそれをミステリー（奥義）と呼んでいる。それは神がパウロに啓示したことである。私たちもこのミステリーに目が開かれたいと願う。

考えてみよう

1. 教会は新しい人間の共同体であり、堕落し分断されたこの世界にあって和解と平和を経験している人々です。それをあなたの言葉で表現してください。教会を以上のように理解し、そのように教会生活をしていますか？　そのような期待を教会に対して持っていますか？
2. あなたの考え方や生き方にとって、すべてのクリスチャンが一致し和解する意味は重要なことでしょうか？
3. 教会の人々と和解の関係を維持して生きていくことに、あなたはどれだけの高い価値を置いていますか？　和解に向けてどのような具体策を講じることができますか？
4. これまでの考え方を読んだ上で、「敵」と思われる人々に対してあなたはどのような態度を取りますか？　自分にとって他者にあたる人々との関わりをどうすれば良いでしょうか？　人種差別、戦争、従軍についてどのように考えますか？
5. ユダヤ人と異邦人、主人と奴隷、男性と女性など、互いに和解が難しい関係性について聖書は記していますが、今日の教会でも互いに反目し合うグループはありますか？

6．以上のような考え方は、あなたにとってどのような意味がありますか？　新たな疑問がありますか？　何か決断できることがありますか？　そのことを神に祈ってみてください。

モニカとピーターへ

この「ミステリー」の章について、あなたがたの教会では大きな論争（あるいは一方的な主張）が起きましたね。あなたがたの意見もその主張と同じかもしれません。ユダヤ主義者の問題が同じように現代の教会でも起きている、そんな主張に対してあなたがたは疑問を感じているようです。あなたがたの教会も私の意見には賛同できないのでしょう。

この課題は今日でも変わらず存在すると私は信じています。あなたがたのキリスト信仰のあり方に対して、あなたがたの文化の影響がどれほどあるでしょうか？　少し考えてみてください。あなたがたの祈りの仕方はどのようなものですか？　日曜日の礼拝に出席するときに、どのような服装がふさわしいと考えられていますか？　教会の礼拝プログラムはどのようなものでしょうか？　教会での賛美はどのような音楽形式でしょうか？　あなたがたの教会堂の建物はどのような外観でしょうか？　このようなことに関して、何が福音の本質と言えるでしょうか？　何が単なる文化の形式なのでしょうか？

クリスチャンである私たちもある一つの文化に属しているに過ぎない者ですが、そのような私たちが他の文化に生きる人々と関わり、彼らをイエスに従うように招くときに、彼らに何を期待しますか？　クリスチャンになるために、彼らは何をしなければなりませんか？　真のクリスチャンとして彼らが受け入れられるために、私たちと同じような祈りの仕方が必要でしょうか？　私たちと同じような服装が求められるのでしょうか？　私たちの教会用語を使わなければならないのでしょうか？　礼拝形式も私たちと同じでなければならないのでしょうか？　音楽についてはどうでしょうか？　教会堂は？　西洋の宣教師たちは、自分たちと同じでなければならないと何百年にもわたって考えてきました。違った文化では違った形式で福音が理解されるべきであり、他の文化に生きるクリスチャンに「正しい」形式を要求する権利は誰にもない、このようことを私たちが本当に悟るようになったのは、きわめて最近のことです。

パウロはすでに二千年も前にこの課題と戦っていました。

加えて言えば、文化の境界は東と西、北と南、国々の間だけにあるのではなく、若者と年配者、富者と貧困者、都会と地方、男性と女性、伝統的な教会と世俗社会、それぞれにもあります。次のことを考えてください。私たちは、私たちと同じやり方に従うクリスチャンになるように人々に回心を勧めているのでしょうか、それとも彼らをイエス・キリスト自身と神のプロジェクトに向くように回心を求めているのでしょうか？

パウロの考えを実際に適用できるように、実りある議論を続けてください。

敬具

ベルンハルト

第15章　皇帝との争い

テサロニケでの騒乱

怒った群衆がクリスチャンのグループを町の指導者の前に引きずり出して叫んでいた。「この者たちは世界中で問題を起こしています。皇帝の権威を否定し、イエスという人物が王であると主張しています。」[96]今となっては、これはまったくの誤解であったと分かる。イエスは皇帝と争うつもりはなかったであろう。クリスチャンの振る舞いは本当にこの世界に問題を起こすようなものだったのだろうか？　もちろん、教会はイエスを「主」と告白した。しかし、私たちは祈り、賛美し、告白するときに、イエスが主であると言う。これは革命家たちがするようなことではないだろう。

イエス・キリストは主

新約聖書には、ギリシア語で「キュリオス」という単語が使われ、通常「主」と翻訳されている。一世紀においてこの単語は、いろいろと議論となる言葉であった。ユダヤ人たちはこの言葉を神ヤハウェを指すのに用いた。しかし、それだけではない。ローマ帝国では、「キュリオス」は皇帝の称号として用いられた。初代教会のクリスチャンたちはナザレのイエスを「キュリオス」と呼んでいたが、ある人々にとってそれは挑発に映った。憤りにかられていたテサロニケの群衆は事態を十分に把握していた。それはパウロの行動である。パウロは当時知られていた世界を旅し、ローマ皇帝でない人物を「キュリオス」として宣教していたのである。パウロが述べる「キュリオス」の意味を見ていくことにしよう。

すべての権威と権力とに対する勝利

パウロが生きた世界は「諸力」によって影響され支配されていた。もちろん、私たちも同じである。例えば、宗教は人々に忠誠を求める。その規律、儀式、定められた犠牲によって宗教は人々を束縛する。政治的権力は世界を支配する。専制君主、暴君、政治システム、政治家は人々を支配し、従わせようとする。哲学者も人々の生活に強く影響を与える。人々が芸術や科学に真理を見つけようとすることもある。恐怖を作り出し、人々の生き方をコントロールしようとする宗教的な力、迷信、影響力が現に存在する。

人間の生き方に影響を及ぼすそのような力を、パウロは「権威」や「諸力」といった言葉で表現している。現実に存在し経験可能な権力構造の背後に悪の力があることを、パウロは理解していた。人間の救済に貢献しているという自己主張とは裏腹に、実際にはそのような力は人々を奴隷化していた。今の時代と何らかの違いがあるだろうか？　このような力は、イエスとどのような関係があるのだろうか？

パウロは答えて言う。イエスは諸力を公に暴露した。イエスへ対抗するために、諸力はその真の性質を現す。ユダヤ教、ギリシア哲学、ローマ皇帝の権力、これらはすべて神の子を殺害するのに各々《おのおの》で一役買っている。その中で、これらの力は自らの悪の性質を示している。しかし、イエスはすべての力に対して勝利を獲得した。諸力は打ち破られた。イエスの生、死、復活は、すべての権力と権威に対する勝利の行進である。[97]

新約聖書に記された力強い知らせ、解放をもたらす良い知らせとは、次のような内容である。すなわち、イエスのところに来た者は権威と権力の束縛から自由にされ、キリストの支配に移される。[98] キリストを知る者は、天地に存在するいかなる力にも忠誠を果たす必要はなくなる。彼らが示す礼拝と名誉は「キュリオス」である主イエスのみにささげられる。彼らの告白は、イエス・キリストは「キュリオス」であり、これのみである。[99]

イエス・キリストか？　皇帝か？

パウロによれば、この告白はローマ皇帝に対するクリスチャンの関わり方について示唆を与える。政府は権力と権威の上に成立している。[100]自らのプロジェクトを実現するために、今日でも神は政府の権力や権威を用いている。権力さえも自らの思いどおりにはならない。神こそ歴史の主である。[101]一方、権力が人々をコントロールして支配し、神から人々を離れさせようとしているのも事実である。したがって、パウロもペテロも、クリスチャンは具体的な優先順位をつけなければならないと言う。確かに私たちは為政者を尊敬して尊重しなければならない。パウロはクリスチャンに、国家に「適切な形で関わる」ように勧める。しかし、クリスチャンの「キュリオス」、私たちの主、私たちの最終的な権威、それはもはやローマ皇帝ではない。イエスだけが主である。私たちは力を尽くしてイエスに従い、最終的権威はイエスにあることを認めなければならない。[102]

振り返ってみよう。テサロニケの暴徒たちは何が起きていたのか分かっていた。ある説教者が帝国を巡り、皇帝とは違う「キュリオス」を伝えていた。古い権威の在任期間は終わりになった。宗教、迷信、哲学、政治家たちはその任期中に各々その務めをしてきたが、いまや引退しなければならなくなった。彼らに期待された全能の力はもうない。イエスはそのことを暴露し、克服したのである。神は人々を束縛から解放しようと招いている。

「キュリオス」であるイエスが確立しようとした愛の支配に人々がやって来て、そこで自由を見いだすように神は人々に呼びかけているのである。

王とその市民

旧約聖書によれば、神は人々の集まりに臨在したいと考えている。同様に新約聖書の時代には、「キュリオス」であるイエスは自分の民に会いたいと思っている。イエスの主権性が当時の政治用語で表現されているように、教会もやはり当時の政治用語で特徴づけられている。王が市民を集めるときに、市民たちは王の「エクレーシア」と呼ばれた。同じように、教会も人々の集まり（エクレーシア）である。この人々は暗闇の支配からイエスの支配に呼び出された。それが、新約聖書における「神の民」である。イエスは定期的にその市民と会い、神の支配にある生き方について語りたいと願っている。

集まりとしての「エクレーシア」は「キュリオス」に対して礼拝をささげ、賛美し、感謝をささげる。「エクレーシア」は「キュリオス」の命令に従う。「エクレーシア」は「キュリオス」の臨在を祝う。私たちはそのような集まりを「礼拝」と呼んでいる。もちろん、イエスは実際には見えない。しかし、霊としてそこに存在する。その集まりにイエスの言葉は生きて、良い働きをする。その集められた共同体は、イエスの主権性の象徴として、その臨在と再臨とを指し示して、「主の食事」を祝う。それは「王のための食事」でもある。王であるイエスが戻って来るときに、最後の宴会が開催される。その前ぶれとして「食事」を祝う。

公式訪問に備える

「キュリオス」は再び到来する！「主よ、すぐに来てください」と初代教会は祈った。[103] それは、イエスが約束した内容そのものであった。ある日、イエスは自らの支配を完成させるために戻って来る。そのときに行われる歓迎はどれほど素晴らしいものになるだろうか。王の「エクレーシア」はその日を待ち望んですでに喜んでいる。ここでもパウロは、この未来の経験を説明するのに当時の政治的な状況から描いている。パウロは「キュリオス」の「パルーシア」と言っている。この言葉「パルーシア」は、王が公式訪問先に到着するときに使用される用語である。このようにして、「キュリオス」であるイエスは再びやって来る。公式訪問のときに、人々は盛大な歓迎の準備をする。町の市民は王に挨拶するために列をなし、王は人々の祝福の中を町に入る。同じような意味で、パウロは主の到来を語る。[104]

第三のミレニアム期に生きている私たちは、初代教会と同じ問いを発する。私たちの主は誰か？　私たちの生き方に影響を与えている「諸力」は何か？　私たちが「従う」べき方は誰か？　「従う」べき事柄とは何か？　私たちは何からの解放を願うべきか？　初代教会と同じように、私たちも「諸力」による支配からイエスの愛による支配へと移されるように招かれている。その同じ民が今も、その心と生き方をもって、「キュリオス」であるイエスに仕えるように招かれている。

考えてみよう

1. あなたの人生の中で、「諸力」をどこで、どのように経験していますか？　それに対してどのような対応をしていますか？
2. あなた個人にとって、イエスの勝利は何を意味しますか？　あなたの生き方に具体的に影響していますか？
3. 「権力と権威」からの解放を経験したことがありますか？　そのような解放をどこで経験しましたか？　また、どこでその解放の経験を期待できるでしょうか？
4. あなたに権威を振るう人々に対して、どのような態度を示しますか？　この世界の権威があなたに要求する事柄と、キリストがあなたに望んでいる事柄とが互いに違うことで、何らかの葛藤を経験することがありますか？　そのとき、あなたはどうするでしょうか？
5．真にイエスに仕えるために、この世界の権威に抵抗するために、あなたはどのようなことを心がけますか？

モニカとピーターへ
どう言えば良いでしょうか？　あなたがたの手紙には多くの質問や反論が記されていましたし、行間にもそれがにじみ出ていました。あなたがたの意見によれば、イエスの勝利に関する私の記述は政治的過ぎる表現のようです。私が「諸力」について語りながら、悪霊の力のことは何も語っていないことに、あなたがたは戸惑っています。しかも、パウロは政治的権力に従うように命じています。その勧告に私が従っていないように感じられたようですね。福音は霊的に理解すべきであり、政治的に理解すべきでないともあなたがたは考えています。ローマ人への手紙13章1－7節について説明をいたしましょう。
ローマ人への手紙13章で、パウロは政府の権威について述べています。支配と影響力、権威と権力、地上の支配者などについて議論するために用いられる用語を、パウロは慎重ながら援用しています。パウロによれば、政治的権力は、文化、宗教、哲学などこの世界の構造と同じ分野に整理されます。これらの構造は、人間（教会にとっても同じと言えるでしょう）が生きていくための「仕組み」であり、この世界で生きていくための「地上的システム」です。そして、神はこれらの構造を超える主です。この世界を神の支配に導くために、神はこのような「地上的システム」を用いることができます。この点で、政府の権力は神の僕《しもべ》として仕える役割をします（イザヤ44・28―45・5、エレミヤ27・6、43・10と比較）。

教会はこのような世界のシステムの中で、そのあるべき姿を示さなければなりません。世界の権威が私たちに多くを要求するにしても、クリスチャンの「服従」とは、その世界の権威に絶対的に従うことではありません。そのように理解すべきでもありません。実際、ローマ人への手紙13章でパウロが勧めていることは、私たちの忠誠のあり方です。クリスチャンとして私たちは神への服従に生きるべきです。この世界が私たちを形作るようなことがあってはならないのです。私たちはすべての人々を愛すべきです。復讐をすべきではありません。むしろ敵を祝福すべきです。善を行うことで悪を克服すべきです。悪を行う人々の方策を採用すべきではありません（12・9―11）。イエスの示す倫理と矛盾するような事柄を政府が私たちに要求するならば、その政府には私たちに服従を要求する権威はない、そのように考えるべきです。

暴力的な抵抗をすべきではないと、パウロはキリスト教会に語ります。例えば、政治的権威への暴力的反乱や「キリスト教国家」設立の試みなどです。そうではなくむしろ、クリスチャンはこの世界の通常の秩序と適切な関係を結ぶべきです。それは過去も現在も同じです。「すべきことをする」（13・7）、クリスチャンが互いにそうするように、通常の秩序にも同じようにすべきです。もちろん、神が第一であり、神こそ私たちが忠誠を示すべき方です。政府が受けるべき「尊敬」は、あくまで相対的です。その一例として、納税について書かれています（Ⅰペテロ2・17と比較）。

広い観点から、このように教会の政治的次元を描いてみました。神の民は、この世界に生きる人々や国家の中にあって真の「民の集まり」なのです。私たちは国家の「中」に生き、この世界と適切な関係を結びます。しかし、この世界と違った価値観と原則によって生きています。

この世界の人々はその国家の利益を第一に置きますが、神の民は違います。文化、民族、国家を超える生き方をします。私たちの第一の忠誠は神に向けられ、神の「国家を超えた人々」にささげられます。結果として、このような私たちの忠誠に反しない限りにおいてのみ、私たちは自身が属する国家の利益のために尽くすことができます。このように生きるときに、キリスト教会として私たちは政治的と言えましょう。教会が聖書の基準に従うならば、キリスト教会には政治的次元が必ず存在するのです。

今回の私のコメントへの応答を期待しています。それはあなたがた個人のレベルでもそうですし、話し合いのレベルでもそうです。返答を待っています。

敬具

ベルンハルト

第16章　しかし……

楽観的に過ぎるのでは？

私たちは少々、楽観的に過ぎるのではないだろうか？　神のプロジェクト！　新しい人間！　新しい人類！　和解の民！　自ら神の働き人になることを選ぶ人々！　神の支配が始まっている！　イエスはすでにすべての悪の力に勝利している！

周りを見渡してみよう。教会の歴史を見てみよう。新聞を一読すれば十分かもしれない。近所を見てみよう。教会を見てみよう。周辺など見る必要もないかもしれない。自分自身の生き方を振り返れば、神の目標が実現していないことなど一目瞭然である。新しい人間なんかどこにいるのか？　新しい人類はどこに存在するのか？　神の支配の到来はどこにあるのか？　神のプロジェクトはどうなっているのか？

パウロとその仲間たちを夢想家で理想主義者だとレッテルを張ってしまう前に、彼らの言っていることや書いていることを注意して正確に聴いてみよう。そうすれば、彼らがどれほどの現実主義者なのか、そのことに驚くはずである。例えば、ローマ人への手紙8章

を読んでみよう。そこでパウロは、新しい世界の出現はまだその誕生の段階であると書い
ている。人間に関する現実を三つの事柄から明らかにしてみよう。

新しいことが始まった

出産と幼子の誕生は、新しい何かの始まりを示している。新しい命が期待される。新し
いことが始まりつつある。パウロには、救済の新しい時代が始まったという確信があった。
パウロにとってその証拠は次のポイントである。
1. イエスは約束されたメシアである。復活は神によって刻印されたその証拠である。
イエスが死者の中からよみがえったことは、多くの人々が正確に証言している。も
う疑いようはない。新しい人類が始まった。新しい創造の初穂であるイエスは生き
ている。[105]

2. イエスは生きている、そのことによってイエスの生と死を新たな光で見ることが
できる。それは神自身の生き方であり、人類の贖いのために自ら命を捨てる生き方
である。人類への裁きはイエスにおいてなされた。

3. 最後のポイントは、終わりの時に霊が降されたことである。ペンテコステの出来
事は霊の降臨を目に見える形にしたしるしであった。神からの天的な介入の結果、

人々は変えられ、神の新しい民として結び合わされた。新しいことが始まった、そのようにパウロは確信をもって主張した。復活のゆえに私たちには命が与えられている。復活の命に生きている。まだ暗闇が覆っているにしても、夜明けが近いことをクリスチャンたちは知っている。

新しいことはまだ達成されていない

パウロはコインの裏側についても自覚していた。私たちはまだ目標に達していない。出産と幼子の誕生の譬《たと》えは、産みの苦しみをも語っている。新しいことは一瞬のうちに到来するのではない。新しいことはすぐにその目指す形にはならない。すぐにすべてを手に入れることはない。新しい世界の誕生は過程である。

それは個々人にも当てはまる。キリストを通して私たちはすでに神と和解しているが、私たちの新しい生き方はいまだ痛みを伴う。個人として私たちはすぐにまったく新しくなっているのではない。[106]これはクリスチャンの共同体にも当てはまる。キリストを通して私たちは和解を経験する人間となったが、この新しい人間の出現には痛みがある。共同体もすぐに完全に新たにされるのではない。

ゴールは見えている

パウロの信仰は次の確信に裏打ちされている。新しいことはすでに開始しており、最後のゴールに達する日が来る。ここでも出産と幼子の誕生の譬えが適用できよう。加えて、パウロは手付金のイメージを用いている。手付金とは、すべての支払いが完済されることへの保証である。パウロは聖霊の賜物を完成の到来の保証として理解した。[107] これはクリスチャンの希望であり、神の支配の到来の確信である。今あるクリスチャンの生き方は未来に対する希望の下にある。私たちは、保証された希望と未完成との間にある緊張に生きている。

クリスチャンの希望はユートピア的夢物語ではない。「信仰によって」という言葉によって、現実という基盤を欠いた空虚な城を立てることではない。真のクリスチャンの希望とは、今を生きることである。と同時に、イエスの到来によってもたらされる未来に導かれる生き方である。

クリスチャンにとってバランスを保つことは困難であり、この緊張関係に生きることの難しさを実感する。古い世界がクリスチャンの考えを支配し、復活とペンテコステが忘れられることがある。そうなると、クリスチャンは古い世界の現実に戻ってしまう。新しい世界への待望に生きようとはしなくなる。復活の力にもはや信頼せず、新しい時代の到来を経験しようとしなくなる。霊の力にもはや信頼せず、霊の力を通して神がもたらした「すでに」を経験しようとしなくなる。

一方、別の極端に走ってしまうクリスチャンのグループが常に存在する。もうすでにゴールに達していると考えてしまうクリスチャンたちである。今すぐに約束されたものを獲得しようとする。誰かが回心をしたとしたら、その人のことをすぐに完全に新たにされたと考える。そのような考え方によれば、正しく信じて祈れば直ちにすべての病は癒されることになる。神から来る賜物や祝福はすべて、もう私たちのものである。救済の完全性は私たちに差し出されている。私たちはそれを受け取るだけで良い。生活の中での痛みや苦難は無視できる経験でしかないことになる。

しるしとしての生き方と現実

すべてを要求すること、すべてをあきらめること、どちらの道も私たちは選ばない。私たちは「終末の時代の間」を生きている。私たちの現在の経験は、完成の「しるし」として意味づけられる。その意味は次のとおりである。新しいことが現実に開始した。その新しさを私たちは経験できるし、見ることもできる。一方で、その新しさとはこれから到来する事柄のしるしでしかない、それも事実である。神の霊によって新しさを私たちは経験しているが、それは完成ではなく、到来する事柄を指し示すしるしである。神が人々を癒やすのを私たちは見てきた（確かに、癒やしはまだすべての人々には及んでいないし、癒やしには時間がかかることも多い）。同時に、癒やしはより偉大な事柄の到来のしるしである。平和の交わりがどのようなものかを、真のキリストのからだとして私たちはすでに経験している。それは完全ではないにしても、あるべき交わりへのしるしである。すでに私たちは主との交わりをその集いの中で祝っている。それは天での祝いではないが、そのしるしとなっている。私たちは神の支配の原則によって今日を生きている。それは完成していなくとも、しるしなのである。

もしクリスチャンたちが古い世界に生きることをやめて、新たな世界の到来のしるしとなろうとするならば、神のシャローム・プロジェクトは素晴らしいもので、追い求める価値があること、そのことをこの世界は知ろうとするようになるだろう。

考えてみよう

1．あなたの人生で、「新しい世界」と「古い世界」との間の緊張を経験することがありますか？　新しさはどこで経験しますか？　どこで古さに囚われていますか？　この緊張にどのように立ち向かいますか？

2．あなたはどちらか一方の極端に行きやすいですか？　古い世界の現実に気を取られて、新しい世界を見失いがちですか？　あるいは、古い世界の現実を無視して、すべての事柄が新しくなったという幻想に囚われがちですか？

3．未来へのしるしとして神の力と愛が示されています。それらに基づいて、あなたは人生の中で何ができますか？　神に対して新たに自らを明け渡していますか？　神があなたの人生において、更新と癒やしをもたらしてくださると信じていますか？

4．神の現実のしるしとして、あなたは人生をどのように歩み出そうと思いますか？　神の支配の到来のしるしとして生きるために、具体的にできることは何ですか？

5．あなた自身やあなたの教会で、どのような分野がまだ不完全でしょうか？　その不完全さに失望しないようにするには、どうすれば良いでしょうか？

モニカとピーターへ
　よく考えられた質問をありがとうございます。私たちはどのようにあるべきなのか？　私たちは「善の共同体」を実践しなければならないのか？　別の団体が運営するキリスト教系の学校やビジネスを支援しなければならないのか？　現実社会のさまざまなシステムに生きる私たちが、どのように「しるしとして生きる」ことができるのか？

あなたがたの話し合いの内容は、すでに私自身がこれまで聞いてきたことばかりです。ある人たちは極端な提案をします。ある人たちは、ここで記されている事柄は非現実的であると言います。「現実主義者」たちが、もともとはその現実を変えようと提案された内容の粗探しをして、結局は誰もその提案に意味を見いだせなくなることがあります。そして、みんながこれまでの生き方に戻ってしまうのです。

これはよくある罠です。すべてをあきらめてしまう前に、良い考えに関するメンタル・ゲームを頭の中でやってみましょう。

1．第一は、急進性をめぐるゲームです。良い考えがあまりにも急進的で、それを行うことはまったく不可能であるとすぐに結論付けられてしまいます。つまり、提案された考え方があまりにも非現実的で、何をしたら良いのか分からなくなってしまうのです。例えば、環境問題を考えてみてください。クリスチャンは（あるいはすべての人々は）、神の創造物を尊重し大切にするライフ・スタイルをすべきではないでしょうか？　この課題は私たちが作り出す排気ガスにつながり、自動車の運転に関連します。急進的な考え方によれば、クリスチャンとして私たちは自動車と関係のない生活を試みるべきことになります。それに対して、そんなことまったく不可能であるとの反論があるでしょう。結論——この問題はそのままにしておこう。

2．第二は、律法主義をめぐるゲームです。クリスチャンとしての倫理について真剣に考えるとするならば、遅かれ早かれ、具体的な方策を模索していくことになります。お金に対してどのような態度を取るべきでしょうか？　難民や不法移民に対してはどうでしょうか？　どのように環境を扱うべきでしょうか？　どのような結婚・家庭生活が期待されているでしょうか？　政治的「権威と権力」をどのように考えるのでしょうか？　メディアのあるべき姿はどうでしょうか？　消費主義はどうでしょうか？　具体的な行動を提案するとすぐに、「恵みのチャンピオン」が声をあげて、その「恵み」を名目に具体的な行動を「律法主義的な考え」と断罪し、行動への戦いが始まります。結論——個別で具体的な提案をするな、なぜならそれは恵みの福音と矛盾するからだ。

3．第三は、成功（あるいは失敗）の可能性を計算するゲームです。この世界の諸問題の大きさを考えたときに、どのような対応が可能でしょうか？　私たちは夕方に美しい家に集まって食べて楽しみながら、この世界に何百万人と存在する飢えに苦しむ人々について話し合います。飢餓について何ができるでしょうか？　どのように私たちの食べ物をシェアできるでしょうか？　夢を描くように解決の可能性を考えることもあるでしょう。でも、もしみんなが思っている疑問（私たちが何か小さなことをしても、そこに意味はあるのだろうか？）を誰かが口にするなら、何も実際には起きなくなります。結論――わざわざ何かをするようなことはやめよう。

以上のゲームの各結論は普通に見られる応答です。あなたがた自身も経験があるでしょう。この課題は「しるしとして生きる」こととどのように関係づけられるでしょうか？　しるしとして生きる、それは私たちがイエスに熱心でその到来に渇望し、それゆえにイエスの霊とその支配からの影響を受け入れるしかない生き方です。なすべきことを完全に行うことはできません。でも、少なくとも正しい方向へ進んでいくことはできます。たとえその歩みが小さくとも、踏み出すことは可能なのです。それは救いを獲得するためではありません。「それには何らかの意味があるのだろうか？」この疑問にこだわるよりも、「イエスの霊と神の意志に適うことは何か？」この課題を問うべきです。

しるしとして生きることは、完全に行うことが〝いまだ〟不可能であることを認めつつ、新たな生き方を〝すでに〟始めていることです。

続けて考えてください。以上のメンタル・ゲームの罠に陥って元には戻らないでください。

敬具

ベルンハルト

第17章　ゴール

私たちはどこに向かっているのか?

今日、未来がバラ色に彩られていると考える人々はそれほど多くはないだろう。戦争、不正義、環境破壊などの現実は、将来への夢を打ち砕いてしまう。「現在、私たちは危機の先端に立っている。明日に向かって私たちは前向きに進むことができるのだろうか?」と私たちは思う。人間の歴史の次の段階には困難が待ち受けているように見える。しかしその段階が私たちの未来を決定づける。多くの人々は幸せな未来への希望をあきらめている。ある人々のモットーは「今日を楽しもう、今日がいつまでも続くわけではないし」である。別の人々は忍耐を放棄して、このように言っている。「時間がない、すぐに何かを始めなければならない。そうすれば、この世界は救われる。」他の人々はただ悲嘆にくれ、お手上げ状態で何もしない。

クリスチャンと未来

クリスチャンについて考えてみよう。新しい創造についてクリスチャンは語ることができる。クリスチャンの考えによれば、新しい世界秩序が未来に到来し、正義と平和と喜びとがもたらされる。これまでも見てきたとおり、クリスチャンはそのような確信を持っている。古い世界秩序のただ中で、イエスの復活からこの新しい世界はすでに開始している。クリスチャンにとって明確なことは、神の遠大なシャローム・プロジェクトがある日、実現することである。しかし、それはどのような形で到来するのであろうか？

人間の歴史の終焉が近づくときに起こる出来事について、聖書はさまざまに語っている。[108]これらの記述は私たちの経験を超える事柄について扱っており、言語を用いて説明するには難しい内容である。したがって、聖書は時にその出来事を絵画的に描いて表現する。そのような表現の解釈は非常に困難である。不幸にも、クリスチャンはいわゆる「終末」について多くの議論を交わしてきた。しかし、もし私たちがその絵画的描写をもっと注意深く解釈し、未来について現実離れした推論や予測を持ち込まなければ、そのような議論を避けることができたであろう。[109]

イエス・キリストはもう一度やって来る

すでにその絵画的表現の一つを私たちは見てきた。公式訪問としての王の到来と人々の歓迎である。この絵画的表現はイエスの再訪を描いている。確かに、人間がその最大の努力を果たす中でゆっくりでも確実にこの世界が完全な社会になる、そのような期待をクリスチャンは抱いていない。同時に聖書は、未来へ希望のない大惨事による世界の終焉など予告もしていない。そうではない。教会は主の来臨を待つだけである。主は完全で最終的な神の支配をもたらす。この確信によって、クリスチャンは現在を生きる。ある人はこのように表現した――「この世界の支配者たちには興亡（come and go）がある。しかし、私たちの主は到来して（come）支配する。」この世界の未来は偶然に任せられるのでもなく、誰も予測できない運命に左右されるのではない。喜びをもって、主の到来の確信を私たちは告白することができる。クリスチャンは到来する主のものである。未来はそのクリスチャンのものである。

反キリストと教会の患難

新約聖書はいろいろな箇所で、反キリストの霊、反キリストたちの霊、あるいは特定の反キリストの霊について語っている。新約記者たちは、反キリストについて言及する際には現在形を使っている。[110] 反キリストに関する考え方を終わりの出来事に当てはめないように気をつけなくてはならない。

キリストを告白した人々は、キリストに逆らう力が今のこの世界に働く現実を経験してきた。キリストに反逆する力、その支配に逆らうこの世界の力は、歴史を通じて存在してきた。それこそが反キリストの力である。キリストのゆえに苦難と迫害を経験した数多くのクリスチャンがいる。彼らはキリストの本質に生きようとした。しかし、聖書記者たちは終わりの時に患難が激しくなることを明確に述べている。状況が「危機的になる」のである。

教会にとって状況が厳しくなり終末が近いと考えられたのは、その歴史の中で一度や二度ではない。こういうことがあるので、終末について切迫な予告があってもにわかには信じ難い。また、誰が反キリストなのかを特定することにも躊躇を覚える。教会はたびたび苦しい時代を経験し、独裁者や反キリストの顔を幾度も見てきた。実際に、キリストとその支配に逆らうような行動を起こす支配者が、歴史を通じて登場してきたのである。

どの時代にあってもどの場所にあっても、イエス・キリストの教会はこの世界に目を開き、キリストに逆らう者が登場してもキリストに従うように求められている。教会は反キリストを探す必要はない。教会の言葉と行為が忠実に神のシャローム・プロジェクトに貢献し、暴力に満ちたこの世界にあって教会が平和の君に仕えるならば、教会の抵抗と反論が可能となる。次のイエスの言葉は意味深い。「この世界で迫害に遭ったときには、勇気を出せ。私は世に勝っているからだ。[111]」世界史の中で最も権威ある言葉を有するのは、反キリストではなく、キリスト自身である。

新天新地

ヨハネによれば、私たちの目的地は新しい創造、新天新地である。[112]死は克服され、涙はもうない。新しいエルサレムが天から地に降って来る。地に住む民は、この神の町で永遠に平和にともに暮らす。もちろんこれは絵画的表現である。

神のプロジェクトが具体的にどのように実現するのか、それを正確に語ることはできない。ただし、私たちが金に飾られた町に座って何もせず、金で作られた琴を奏でて賛美をしているだけ、そのように天国をイメージすべきではない。これは新しい創造の絵画的な誇張表現である。だがこの絵画的表現に伝えたい何らかの内容があることも事実である。この表現のメッセージの核は「見よ、私はすべてを新しくする[113]」である。すべての悲しみ、痛み、惨状は過去のものとなる。人間の共同体は調和したものとなる。シャロームがこの地の人々にとって現実となる。喜び、平和、正義は、もはや夢ではない。神は私たちと永遠にともにいる。創造自体が新たにされ、搾取の呪いから解放される。ここに、神のシャローム・プロジェクトが実現する。

聖書の最後には、まだそれに加えて明確に語られていることがある。その聖なる町にいる者たちの中に、「小羊の命の書」に名前が書かれたすべての人々が存在していることである。この人々は、歴史を通じてキリストに自らをささげた者たちであり、イエスの弟子が形成した共同体に参加した者たちである。すでにこの時代にあって、神の招きに応答し、神のシャローム・プロジェクトのために働いている人々である。

いま、どうすれば良いのか？

以上のことは、現代を生きる私たちにどのような意味があるのだろうか？　多くのクリスチャンたちが、未来の運命は自分たちにかかっているかのように、この世界をより良いものにしようと歯を食いしばって頑張っている。他のクリスチャンたちは、世界の課題に対してまったく無関心で、興味もなさそうである。このようなクリスチャンたちは、世界的な大災害が起きた後に、神が到来してすべてを新たにすると確信している。

私が新約聖書から読み取ることは、このような二つの極端な立場ではない。神にはプロジェクトがあると私たちは考えている。神のプロジェクトの実現がイエスの到来によってすでに始まっていると私たちは考えている。キリストの再臨によってこのプロジェクトが完成すると私たちは考えている。したがって、すでに開始された神のプロジェクトに生きるように、私たちは個々人また教会として召されていると考える。冷静に神のプロジェクトに生きよう。神のプロジェクトの成功のために自暴自棄の戦いはしない。すでにそのプロジェクトが完成したという幻想にも生きない。なぜならば、イエスが再び到来することを私たちは信じ、神のプロジェクトの実現が私たちだけで達成されるのではないことを知っているからである。ただ、確信と熱心をもってプロジェクトに参与する。それは、イエスが私たちの生き方に関わっているからである。聖霊が私たちの心に神のシャローム・プロジェクトのビジョンを植え付けたからである。

この神のシャローム・プロジェクトに招かれているとしたら、何という特権ではないだろうか！

考えてみよう

1. あなたの信仰や考え方にとって、未来や終末や永遠の事柄はどのような意味がありますか？
2. 聖書が示す希望は、あなたの日常生活に対して何か重大な影響をもたらしているでしょうか？　あるいは未来に対する単なる物の見方に過ぎないでしょうか？

3．人間の努力で世界を変えたいと思いますか？　それとも、そのような考えは持たずに、世界の破滅と神による新しい創造を待ちたいと思いますか？

4．この章での議論を踏まえて、この世界のあり方についてクリスチャンとしてどのように考えますか？　その考え方はあなたの生き方にどのように影響していますか？　この世界のあり方に対して、教会はどのような役割を果たすことができますか？

5．聖書を通してあなたは自分自身の生き方を決めてきたことでしょう。人類に対する神の計画と目的を見てきた中で、今のあなたの考えや感じることを述べてください。何か新しい洞察を得ることができましたか？　新たな疑問が湧きましたか？　あなたの信仰に何らかの形で影響しましたか？

モニカとピーターへ

あなたがたの最後の手紙が私の目の前にあります。神のプロジェクトについて考え、自分たちの意見を伝えてくださり、ありがとうございました。あなたがたの批判的な意見によって、多くの課題について私もより深く考える機会を得ました。可能な限り私の考えを明確にして、それを語る機会にも恵まれました。私自身が変化をしたようにも思います。

この学びの結果、あなたがたに何か変化はありましたか？　この最後の手紙に、「火が再び灯ったように感じました。聖書が生きたものになり、そのメッセージがもう一度私たちを捕らえたのです。クリスチャンであること、神のプロジェクトの働き人であることは、私たちが想像する以上に素晴らしいことです」とありました。

本書の学びを通して本当にそう思われるならば、神のシャローム・プロジェクトはあなたがたの生き方という物語にも実現したと言えるでしょう。

恵みがありますように。

ベルンハルト

注

1　申命6・20―25参照。
2　マタイ6・6―13。
3　創世12・2、3。
4　出エジプト3・7以下、6・6―8。
5　黙示録21・1。
6　例えば、ヨベルの年の奴隷解放や負債の免除がそれにあたる（レビ25章）。マタイ18・23―35の赦されなかった僕《しもべ》の譬《たと》えを参照。
7　創世1章。
8　創世2・7（3・19、23と比較）。ヘブライ語〝アダマ〟は「土地の塵」を意味する。名前アダムはこの言葉に由来し、「土地の塵から取られた者」とされたのである。
9　創世2・7。ヘブライ語〝ネフェシュ　ハヤ〟は「生きた魂」とも翻訳されるが、時にこの翻訳は誤解を生んできた。「生きた被造物」のほうが良い翻訳である。
10　創世1・20、24、30、6・17、7・15、9・10。

11　ここでの「アダム」は集合概念として使われている（人類）。それは、例えば、エペソ2・15に表現されている。

12　創世1・27と2・18―23。

13　この言葉のギリシア的背景には、「自らの法に従って生きる」という意味がある。これが罪の本質である。人間と神との関係性の課題である。しかし、すべての自律した行動が罪であるわけではない。精神的意味であるいは社会的意味で、自ら決断することは人間にとって重要である。

14　創世12章から始まる。

15　創世12・1―3。

16　創世12・4。

17　創世18・1―15、ヘブル11・11。

18　創世13章、9―12章、26―33章。

19　カインは兄弟を殺し（創世4・1―4）、レメクは七十七倍の復讐を宣言した（創世4・23―24）。

20　出エジプト2・11―15。

21　出エジプト3章、6・6―8、19・5、6。申命4・1―8と比較。

22　出エジプト3・10以下。

23　出エジプト3・14。
24　出エジプト1―2章。
25　イスラエルの歴史を想起している聖書を見よ。例えば、ヨシュア24・5―8、ネヘミヤ9・9―21、詩篇136・10―20。
26　出エジプト14・13―14。
27　出エジプト15・3。
28　出エジプト19・4。
29　出エジプト20・2。
30　出エジプト14・13―14。この点について、イスラエルが再び土地を獲得する記事を読むときに、次のような疑問が浮かぶ。「(イスラエルの戦争ではなく)ヤハウェの戦争をどのように理解したらよいのか?」この課題はこの書物で扱うには大き過ぎる。Millard C. Lind, *Jahweh Is a Warrior? The Theology of Warfare in Ancient Israel*, Scottdale, PA; Herald Press, 1980参照。
31　出エジプト16章。
32　出エジプト13・21。
33　出エジプト20・3―17。
34　出エジプト24章。

35 「会見のテント」とそこでの礼拝について記した出エジプト25—29章を見よ。
36 出エジプト29・42—46。
37 特に申命8章。
38 ネヘミヤ9章を見よ。
39 例えば、詩篇32・3—4。
40 レビ4章、5章、16章。
41 詩篇32・5。
42 ヨシュア24章、I列王18・20以下。
43 民数6・24—26。
44 レビ25章を見よ。
45 申命4・5—8、28・9—10。
46 申命8・7—20。
47 Iサムエル8・20。
48 Iサムエル8・7。
49 アモス5・21—24。
50 ホセア6・6。
51 エレミヤ7・3—7。

52　イザヤ1・11―17。
53　ホセア1・9。
54　ホセア11・1―6。
55　詩篇137篇。
56　申命21・18―21。
57　ホセア11・8、9。
58　エゼキエル36・23―27。
59　エレミヤ31・31―40。
60　イザヤ40―55章から。
61　天からの神の声（マタイ3・17とその並行記事）には三つの旧約テキストが混じり合っている。詩篇2・7からは「メシアー王」の宣言。イザヤ42章からは神の僕の宣言。創世22・2からは、殺されそうになったアブラハムの「愛する子」の記述。
62　ヨハネ4・34。
63　マタイ4・17とその並行記事。
64　マルコ1・14―15とその並行記事。
65　ルカ4・16以下、イザヤ61・1以下。
66　これが、マタイ5―7章の山上の説教が伝えたかった内容である。

67 マタイ5・13―16、ヨハネ13・34、35、17・21。
68 ヨハネ14・6。
69 例えば、ヨハネ9・16、10・19―21、11・45―57、18・1―19、30。
70 マルコ14・36とその並行記事。
71 マタイ26・36―55、27・39―44。
72 ヨハネ20・19。
73 マタイ28・18―20、ヨハネ20・21―23。
74 ヨハネ20・21。
75 マタイ28・19。
76 使徒1・8。
77 マタイ10・17―19、ヨハネ15・20。
78 マタイ28・20、ヨハネ14・16、ルカ24・49。
79 使徒2・1―13。
80 ルカは、神の霊の力強い働きに言及するときに、ギリシア語で力を意味するデュナミスという単語を用いている。
81 例として、ぶどう農場で働く労働者の譬えを見よ（マタイ21・33―39）。
82 コロサイ2・15。

83　マルコ10・45。
84　Iコリント15・3。
85　IIコリント5・14、21。
86　IIコリント5・14以下。
87　Iコリント15・14。
88　Iコリント15・14以下。
89　ガラテヤ1・6―9。
90　パウロがここで使っているギリシア語エテェネーは、新約聖書では非ユダヤ人たちを意味している。この単語はときには「国」や「異邦人」と翻訳され、現代では誤解されやすい。
91　ローマ16・25以下、エペソ3・3―6、コロサイ1・26、4・3。
92　エペソ2・11―22。
93　ここでは、創世1章と同様、単数として書かれた新しい「人間」を集合名詞として使っている（本書の創世3章への注釈を参照のこと）。
94　エペソ5・21―6・9、ガラテヤ3・26―29、コロサイ3・9―11。
95　エペソ3・3―6で、この洞察は啓示によって与えられたとパウロは強調している。
96　使徒17・1―9。
97　コロサイ2・15。

98 コロサイ1・13。

99 ピリピ2・10―11。

100 ローマ13・1では「エクゾウシア」という権力や権威を表す語が使われ、政府の権威を指す言葉として使用されている。

101 ローマ13・1、4はイザヤ44・28―45・5、エレミヤ27・6、43・10などとの関連で解釈される。どのような世俗的な支配権力であろうと、政治権力は神の目的のために用いられる。しかしそれは、政治的権威が神的な権威を有していることを意味するものではない。

102 ローマ13・1―7、Ⅰペテロ2・17、使徒4・19、5・29。

103 Ⅰコリント16・22、黙示録22・20。

104 Ⅰテサロニケ4・17。この聖書箇所は教会の携挙として解釈されるが、私の意見では、文字どおりに「空中で」主に会うこととして字義的に解釈すべきではない。主の再臨の時に起きることを推論するためにこの聖書テキストを用いるのは間違いであろう。

105 Ⅰコリント15章。

106 この点でⅡコリント5・17を引用したくなるが、この聖書箇所を誤解しないように気を付けなければならない。量的な意味で、キリストを通してすべてが新しくなったとは言えない。パウロが伝えようとしているのは、イエスを信じる人々は質的な意味で新たにされていることである。それは個人レベルで適用されるし、新しくされた共同体のレベル（新しい人類のレベル）の現実にも適用される。

107　エペソ1・14、ローマ8・11。

108　神学用語として「終末」「終わりのこと」「終末の時」などが使われる。しかし、新約聖書の「テロス」（ギリシア語）について、終わりの時に起こる出来事を時系列に表現する言葉として理解すべきではない。「終わり」よりも「目標」「実現」といった意味で理解したほうが良い。

109　（ダービーから始まり、スコフィールド聖書で普及した）いわゆるディスペンセーション神学の立場を私たちは採用しない。

110　例えば、Ⅰヨハネ2・18以下。

111　ヨハネ16・33。

112　黙示録21章。この点で、「ミレニアム―千年期」を想定する人たちがいる。それは現在の歴史と新しい創造との間にある中間的な時代である。ここでは十分に議論できないが、千年期に関してはさまざまな神学的議論がある。

113　黙示録21・5。

あとがき——『シャローム 神のプロジェクト』その枠組みと視座

本書は、Ott, Bernhard, *God's Shalom Project: An engaging look at the Bible's sweeping story.* Trans. Tim Geddert. Intercourse, PA: Good Book, 2004（現在、版権はMennonite World Conferenceに属しています）の本文と脚注の日本語翻訳です。一九九六年にドイツ語で*Schalom: Das Projekt Gottes*として出版され、二〇〇四年に英語版が出版されました。この日本語版は英語版からの翻訳です。

本書の趣旨は、冒頭の数行に述べられています。簡略ではありますが、非常に重要です。そこを理解すれば、本書の伝えたい内容は十分に把握できたことになるでしょう。聖書に述べられている神の意志は、個々人が救われることに留まらず、この世界が神の価値観の実現に向かって変革されることである、そのような福音理解に基づいて全体が構成されています。

「あとがき」では本書の基本的な枠組みと視座とを解説してみましょう。まずは基本的な枠組みです。聖書の内容を伝えるのに、項目別に分析する方策は採用せず、〈物語〉形式を用いています。旧新約聖書自体がその多くの部分で〈物語〉形式を採用していることは、指摘するまでもありません。〈物語〉は、その舞台となる背景を説明し、登場人物が活躍する出来事を筋書きに沿って語り（あるいは記し）ます。ただ、〈物語〉が扱う主題が歴史的な出来事であっても、客観的にその出来事のいきさつを述べることに〈物語〉の目的があるのではありません。むしろ〈物語〉は、その出来事への意味付けをします。例えば、旧約聖書にはモーセに導かれたヘブライの民が海を渡ったことが記されています。海が分かれたという出来事を、聖書は地球物理の観点から説明しようとはせず、ヤハウェの力によってヘブライ人たちが救済されたと告白するのです。この告白が、渡海の奇跡への意味付けであり、聖書が真に伝えたいことです。聖書は〈物語〉として神とその民（共同体）について記し、民が経験した出来事の意味を読者に伝えます。

そのような〈物語〉である聖書を、本書では再び〈物語〉として書き直しています。オリジナルの〈物語〉を新たに物語としてまとめたものを〈メタ物語〉と呼びます。本書はその〈メタ物語〉の試みです。ここでの課題は、〈メタ物語〉がオリジナルの〈物語〉をまとめた基準です。本書は《シャローム》をその基準としています。本書自体も認めているとおり、ほかにもさまざまな基準が考えられます（契約、約束、神の支配など）。その基準に沿って聖書に記された〈物語〉の出来事とその意味付けが選ばれ、その基準に沿って

〈物語〉を語り直し、聖書の真理を読者に伝えようとしているのです。その語りが破綻していないかぎり、その基準による聖書の語り直しは、読者に聖書を伝えていると言えます。実際、本書は《シャローム》を基準として、聖書の語りに成功していると確信します。

次に、本書の視座を考えましょう。11章が象徴的です。イエスを描くのに、その人間としてのあり方に注力しています。本書は意図的に、天的視点ではなく地上的視点を選んでいます。神の視座を想像して神の意志を描くのではなく、それを受け取った人間を追想し、その視座から神のプロジェクトを表現しようとしています。さらに、神のプロジェクトの進行を歴史の文脈に依拠させるような書き方になっています。イスラエルの歴史的変遷、イエスの決意と行動、教会の現実、それらに対応する形で神は自らのプロジェクトを具体的に展開する描写になっているのです。人間の視座から歴史を〈物語る〉という姿勢から当然のように生まれてくる記述方針です。神の具体的な行動や意志が許される範囲で人間に示されるのは、人間が生きている歴史的文脈の中でしかないのです。神の意志を知るためには、逆説的ですが、その歴史的文脈を飛び越えることはできないと本書は判断しています。神の主権を認めつつ、神の働きかけに対する人間とこの世界の応答が大切な視座として確認されています。

本書のこのような枠組みと視座は、多くのキリスト者にとってはなじみが薄く、疑問が生まれるでしょう。それに対しては、各章の「モニカとピーターへの手紙」の中で答えてくれていますので、もう一度参照してください。

最後に、本書の翻訳・出版を快く承認してくださったメノナイト世界会議の方々、出版・編集の作業を進めてくださった「いのちのことば社」根田祥一氏と山口暁生氏、福音聖書神学校の理事会・教師会・スタッフに感謝を申し上げます。

二〇一七年六月二十三日

日本語版翻訳者　南野浩則

〈著者〉　ベルンハルト・オット Bernhard Ott

1952 年　スイス生まれ

1977 年　Diploma (Theology), Theologisches Seminar Bienenberg, Liestal, Switzerland

1984 年　M.Div. (Pastoral Ministries), Fresno Pacific University Biblical Seminary, Fresno, CA.

1999 年　Ph.D. (Missiology), Oxford Centre for Mission Studies/Open University, UK

現在：European School for Culture and Theology, Korntal/Stuttgart, Germany,

German branch of Columbia International University: Academic Dean 他

家族：妻と子供 4 人

〈英語版翻訳者〉　ティム・ゲダート Tim Geddert

1952 年　カナダ生まれ

1976 年　B.A. (Philosophy) University of Saskatchewan, Saskatoon, Saskatchewan, Canada

1978 年　M Div. (Biblical Studies) Mennonite Brethren Biblical Seminary, Fresno, CA

1986 年　Ph. D. (New Testament) University of Aberdeen, Scotland, UK

現在：Fresno Pacific Biblical Seminary, Fresno, CA : Professor of New Testament 他

家族：妻と子供 7 人、孫 3 人

〈日本語版監修者〉　杉貴生（すぎ たかお）

1967年　福岡市生まれ

1994年　福音聖書神学校卒業

2007年　M Div. Mennonite Brethren Biblical Seminary, Fresno, CA

2016年　D.Min. Fuller Theological Seminary

現在：福音聖書神学校 校長

日本メノナイトブレザレン教団堺中央キリスト教会牧師

家族：妻と子供2人

〈日本語版翻訳者〉　南野浩則（みなみの ひろのり）

1963年　大阪市生まれ

1994年　福音聖書神学校卒業

2001年　M Div. (Old Testament) Mennonite Brethren Biblical Seminary, Fresno, CA

2005年　Ph. D. (Old Testament) University of Aberdeen, Scotland, UK

現在：福音聖書神学校 教務

日本メノナイトブレザレン教団石橋キリスト教会副牧師

家族：妻

シャローム 神のプロジェクト
2017年 8月15日発行

著　者　ベルンハルト・オット
監修者　杉貴生
訳　者　南野浩則
印　刷　シナノ印刷株式会社
発　行　いのちのことば社
〒164-0001 東京都中野区中野2-1-5
TEL03-5341-6920／FAX03-5341-6921
e-mail:support@wlpm.or.jp
http://www.wlpm.or.jp

ISBN978-4-264-03851-1